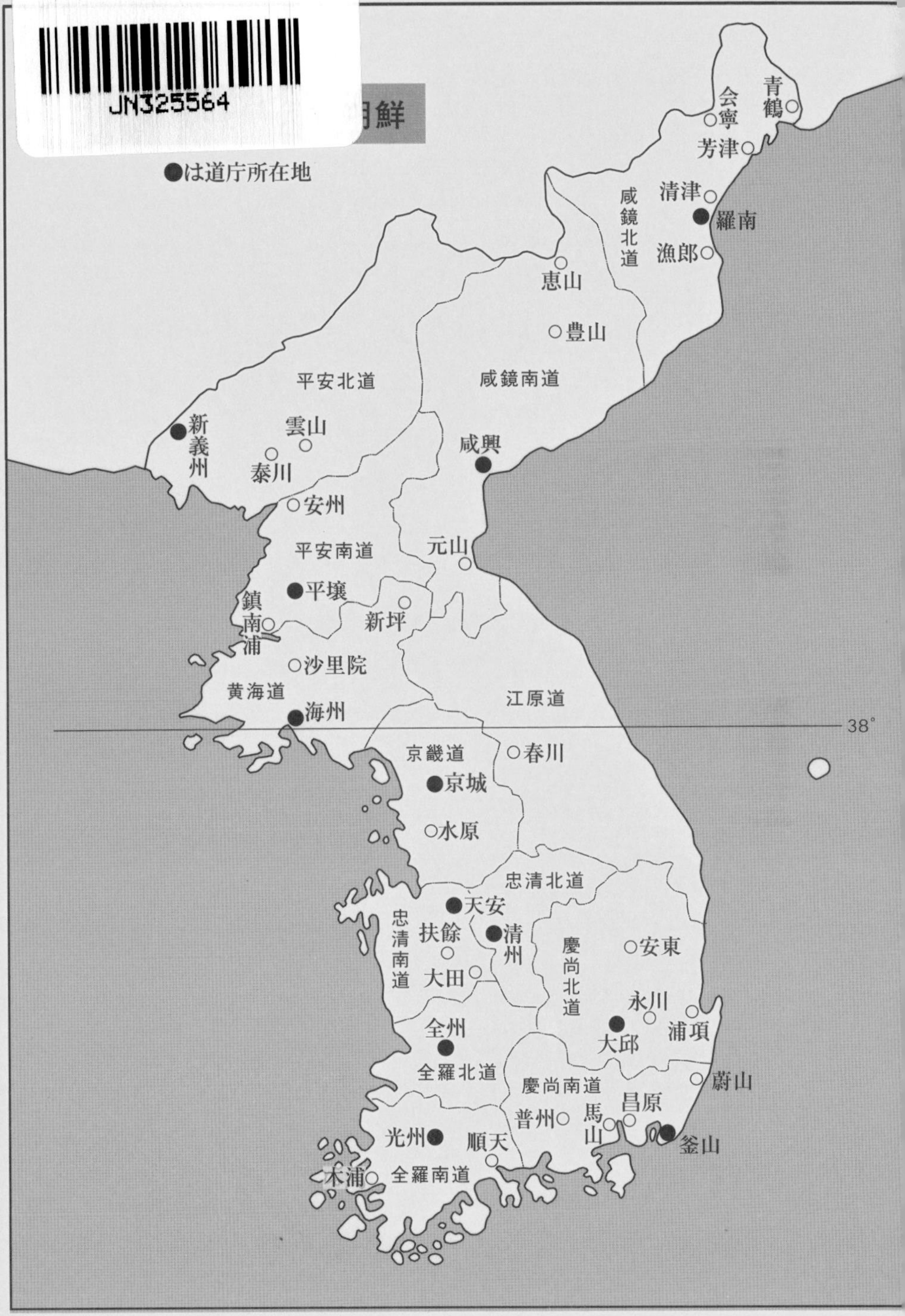
鮮
●は道庁所在地
青鶴
会寧
芳津
清津
羅南
咸鏡北道
漁郎
恵山
豊山
咸鏡南道
平安北道
新義州
雲山
泰川
咸興
安州
元山
平安南道
平壌
鎮南浦
新坪
沙里院
黄海道
海州
江原道
38°
京畿道
春川
京城
水原
忠清北道
天安
忠清南道
扶餘
清州
慶尚北道
安東
大田
永川
浦項
大邱
全州
全羅北道
慶尚南道
蔚山
昌原
普州
馬山
光州
順天
釜山
木浦
全羅南道

無窮花《ムグンファ》の哀しみ

【証言】〈性奴隷〉にされた
韓国・朝鮮人女性たち

【写真・文】伊藤孝司《Itoh Takashi》

風媒社

はじめに

日本軍の性奴隷制度

1918年、日本は前年に成立したソビエト政権（ソ連）を打倒するために「シベリア出兵」を行なった。その際、日本軍の兵士約7万2000人のうちの約1万8000人もが性病にかかった。そのため日本軍は、1932年の「第一次上海事変」[*1]で侵攻した中国において、最初の「軍慰安所」を設けた。日本軍は将校・兵士が性病にかかるのを防ぐために、軍が管理する「軍慰安所」において若くて健康な女性たちと性行為をさせたのである。また強姦事件の防止や、休暇もない過酷な軍隊生活への不満をそらすことなどもこの制度の目的だった。

さまざまな国籍の女性たちが、「軍慰安所」で奴隷状態に置かれた。それは日本人と、日本統治下で暮らす朝鮮人・台湾人、そして占領地の中国人・フィリピン人・インドネシア人などである。また、インドネシアで暮らしていたオランダ人[*2]も被害を受けた。

そうした被害女性たちの人数について、8万人とか20万人などの数字があるがどれも推測でしかない。ただどの数字であったとしても、極めて多くの女性が国家の意思によって性奴隷にされたという、人類の汚点として歴史に残る大事件であることに変わりはない。これほど大規模に、女性たちを軍隊専用の性奴隷にした国は日本だけである。

奴隷状態に置かれた女性たち

社会で今もよく使われている「従軍慰安婦」という言葉は、「軍慰安所」で女性たちが受けた被害の実態とあまりにもかけ離れている。被害女性たちは、自らすすんで「従軍」したわけではないし、長期にわたって監禁して集団で強姦する行為を「慰安」とは呼べない。正確に表現するならば「日本軍専用の性奴隷」である。

被害女性たちが「軍慰安所」へ連行された方法は、軍の手先の民間業者にだまされたり、軍・官憲に拉致されたりするなど多様だが、どの場合も本人の意思に反して「軍慰安所」へ入れられている。重要なのは連行方法よりも、どの被害女性も「軍慰安所」での暴力的な管理下で、あらゆる権利・自由を奪われ人間としての尊厳を否定されたことだ。占領地において虐殺・略奪・放火などの残虐行為を行った将兵たちも「軍慰安所」へやって来たのである。そのため他国の女性たちを極めて乱暴に扱い、死ねば代わりの女性を連れて来るというように「消耗品」として扱っていた。これは奴隷そのものである。なお、被害女性による多数の証言から推測できるのは、「軍慰安所」で殺されたり病死したりした女性の数はかなり多いということである。

「軍慰安所」を設置する経緯などによって、女性たちにほとんど価値のない「軍票」[*3]が支払われたこともあったが、奴隷状態に置かれていたことに変わりはない。

なお日本政府などは、被害女性たちが軍や官憲によって「軍慰安所」へ連行されるといった「狭義の強制性」を示す文書はないとした見解を繰り返してきた。だがこれは、都合の悪い事実は意図的に無視するという驚くべき行為だ。たとえば、インドネシアでオランダ人女性たちを「軍慰安所」へ連行した「スマラン慰安所事件（白馬事件）」では、敗戦後の「バタビア臨時軍法会議」で

日本軍がフィリピンで発行したペソの軍票。

インドネシア・ジャワ島のスカブミで名乗り出た被害女性たち。

インドネシアのスマラン「慰安所」へ連行されたオランダ人のジャンヌ・オヘルネさん。

フィリピン・マニラ市内には「軍慰安所」として使われた富豪の家が残る。

責任者への死刑と将校七人・軍属四人への有罪が下され、その裁判資料やオランダ政府の調査報告書が公表されている。

朝鮮内にもつくられた「軍慰安所」

女性たちの連行や「軍慰安所」の管理・運営は、軍が直接に行う場合と、軍が民間業者に委託する場合があった。「軍慰安所」は、日本軍が侵略した場所には最前線であろうとも、部隊の中かその近くに設置された。そればかりか、日本が統治していた朝鮮・台湾などや、沖縄・日本本土にも設けたのである。

日本軍の「慰安所」だった建物は、今もアジア各地にわずかだが残っている。日本軍は占領地においては、大きくてしっかりした建物を接収して「軍慰安所」として使用した。私がフィリピンで会った何人かの被害女性は、ルソン島・パナイ島に残る自分が連行された建物へ案内してくれた。[*4]本人は大変な苦痛だったと思うが、現場での具体的な説明で当時のようすが非常に良く分かった。

日本軍は、「軍慰安所」の建物を自ら造る場合もあった。ロシアや中国東北地方とも近い朝鮮半島北部の咸鏡北道《ハムギョンブクド》清津市《チョンジンシ》では、2カ所で「軍慰安所」が見つかっている。芳津洞《パンジンドン》に残る日本海軍の「慰安所」を私が取材したのは1999年7月。[*5]当時、150世帯ほどしかないこの寒村に「銀月楼」と「豊海楼」という名の海軍「慰安所」が建設された。約1キロメートル離れた輪津《ユジン》港に海軍基地があり、基地とそこへ入港する軍艦の将兵たちのためのものだった。その「軍慰安所」の建設資材と女性たちの食料は、海軍基地から運ばれた。2棟の「軍慰安所」の建物は、今も当時とほとんど同じ状態で残っている。どちらも玄関を入った所に「待合室」がある。そして、建物中央の廊下の両側に同じ大きさの小部屋が並ぶという構造だ。

（上）芳津に残る海軍「慰安所」の建物。▶
（下）羅南の陸軍「慰安所」があった地区。

2002年8月には、羅南《ラナム》区域の「軍慰安所」跡を訪れた。*6 羅南は陸軍「第19師団」が置かれた軍都で、1万5千人~2万人の将兵がいたと思われる。民間人専用の遊郭は街の中心部に3軒あり、郊外に軍人用の「慰安所」として十数棟が建設された。ここは三方の山と高架になっていた鉄道の土盛に囲まれ、外と隔離された場所だった。民間業者が運営し、「美輪の里」と名付けられていた。

差別社会が生み出した制度

日本は、「売春防止法」*7 が全面施行される1958年4月まで、国家として管理売春を公認してきた。女性の人権と尊厳を著しく軽視する社会だったのである。そのため、海外への侵略で急速に増えた占領地においても、将兵への「慰安」の方法として女性たちと性行為をさせるという発想になった。

日本軍によって性奴隷にされた女性の多くは朝鮮やアジア太平洋諸国の人で、日本人女性は貧困のため身売りされた人だった。アジア太平洋戦争で、海外にいた日本軍将兵の数は約300万人。これだけの将兵のための膨大な数の未婚で若い女性は、だましたり拉致したりしなければ集めるのは不可能だった。

そして日本は、女性たちへのそうした非人道的な方法を、日本人を除外してアジア太平洋諸国の人に対してだけ行った。それは、それらの国々の人たちに対する民族差別の反映である。日本軍によるこの「性奴隷制度」は、女性差別と民族差別が根強くある日本社会の中から必然的に生み出されたのだ。

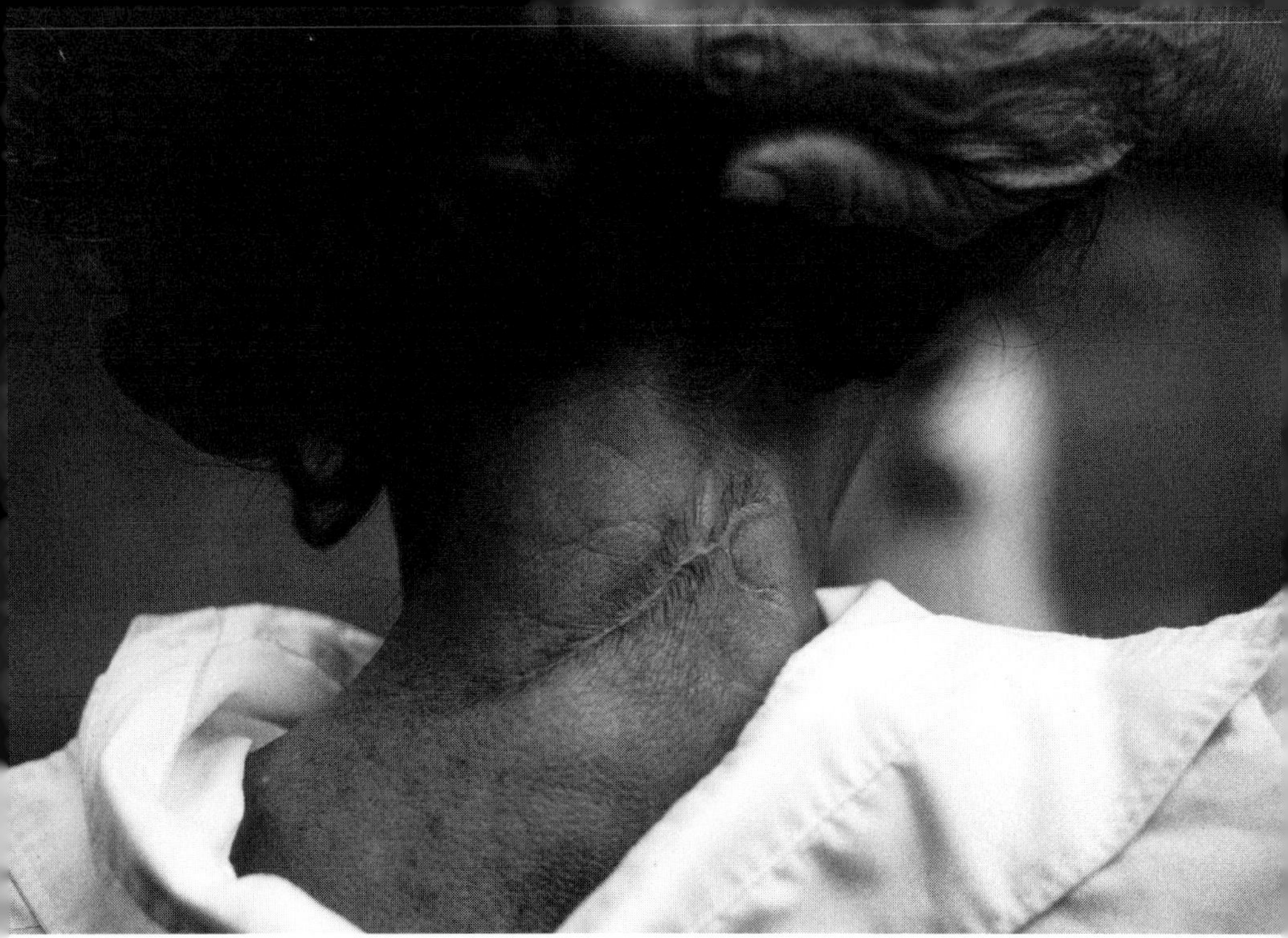

フィリピン人被害女性のロザリオ・ノプエトさんの首に残る刀傷。

解放後も続いた被害

１９４５年8月15日の日本敗戦で、アジア太平洋の各地の「軍慰安所」にいた女性たちは解放された。だがその日を迎える前にフィリピンや中国では、日本軍は撤退する際に「軍慰安所」にいた女性たちをすべて殺そうとしたこともあった。[*8] また、はるか遠くの国の「軍慰安所」まで連行した朝鮮人女性たちを、その場所へ置き去りにもしている。

日本はアジア太平洋戦争の期間を中心に、統治・支配していた朝鮮・台湾・中国などから膨大な数の人たちを強制連行した。そのさまざまな被害者の中で、とりわけ日本軍による性奴隷被害者と広島・長崎での被爆者、[*9] サハリン残留韓国・朝鮮人[*10]は、日本敗戦後も被害が継続した。とりわけ性奴隷にされた女性たちは、「軍慰安所」での過酷な体験によって心に大きな傷を負った。精神的に不安定になっただけではなく、男性への恐怖心から結婚を断念したり、結婚しても夫にさえ体験を語ることができずにいたりした。被害女性たちが名乗り出た理由には、日本を告発することだけではなく、忌まわしい体験を心の中に秘め続けることの苦痛から解放されたいという思いもある。

日本刀で切りつけられた傷や入れ墨など、肉体的な傷に苦しんできた人もいる。結婚した場合でも、子どもができなかった人が多い。また、私が韓国（大韓民国）の地方都市で会った被害女性は、日本兵の子どもを生んで育ててきた。中国東北地方の「軍慰安所」で妊娠してしまったが、そのことを知られると殺されるため、食欲がなくても出された食事を無理やり食べるなどして隠し続けた。すぐに解放を迎え、翌年一月に出産。もちろん、父親が誰なのかは分からない。その女性は、このことを子どもに今も隠し続けている。

沈黙を破った女性たち

私は1980年代の初めから、アジア太平洋戦争で日本から被害を受けた人たちを取材してきた。その中で、いつかは会って話を聞きたいと思い続けていたのが日本軍による性奴隷被害者だった。「皇軍」の将兵との性交渉のために女性たちが連行されたのは、戦争中に不足した労働者や兵士を補充するための強制連行とは性格がまったく異なる。まさしく、アジア蔑視の思想に基づいて日本が行った侵略戦争の本質が、「性奴隷制度」に明確な形で現れている。

その性奴隷被害者への取材をどうしてもしたかったが、自らの意思で積極的に体験を話してくれる人は誰もいなかった。ところが1991年8月14日、驚くべきことが起きた。永遠に続くかと思われた沈黙を破り、韓国で金学順《キムハクスン》さんが名乗り出たのである。私はすぐに取材を申し込み、大変な緊張の中で彼女の話を聞いた。そして、金学順さんに続いて名乗り出た被害女性たちと立て続けに会った。

韓国に続き、朝鮮（朝鮮民主主義人民共和国）・台湾・フィリピン・中国・インドネシア・マレーシアから、被害女性たちが次々と名乗り出た。インドネシアで被害を受けたオランダ人女性も体験を公表した。どの国の女性たちも、日本軍に受けた忌まわしい体験は誰にも知られないようにひたすら隠し続けてきた。にもかかわらず、日本軍によって奪われた人間としての尊厳を取り戻すために名乗り出たのである。歴史の闇の中に葬り去られようとしていた国家による重大な犯罪が、彼女たちの勇気ある告発で次々と暴かれ始めた。

被害女性たちの日本を糾弾する激しい言葉と気迫、知らされた日本軍の残忍な姿は、私の取材を続ける気力を一時は失わせるほど衝撃的だった。そして、自分の中の女性や他民族に対する差別意識も問われることになった。

厳しく問われる日本

日本政府は、1993年に河野洋平内閣官房長官による談話を発表。「軍慰安所」の設置は日本軍が直接・間接に関与したこと、被害女性たちには本人の意思に反して集められた事例が数多くあり、官憲などが直接これに加担したことなどを認めた。

そして1995年に「女性のためのアジア平和国民基金」を設立。補償をしない代わりとして、民間から集めた募金を一部の被害女性に支払う事業を実施し、2007年に解散した。日本政府が被害女性たちに対して、今までに行ったのはこれだけである。

名乗り出た被害女性たちは、日本政府に謝罪と補償を求め続けた。韓国人・フィリピン人・在日

フィリピン・マニラ市での、被害女性たちによる日本大使館への抗議デモ。

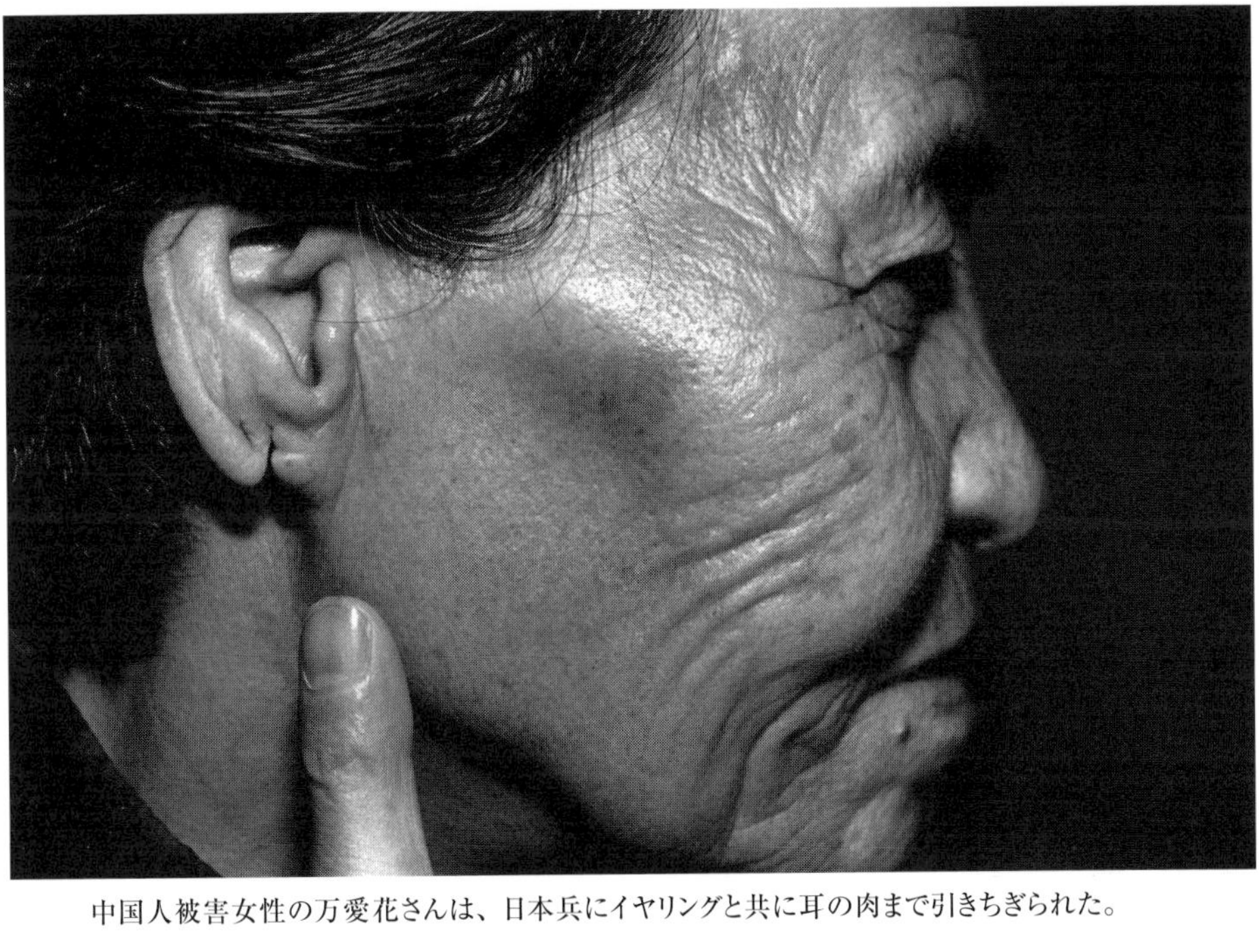

中国人被害女性の万愛花さんは、日本兵にイヤリングと共に耳の肉まで引きちぎられた。

東京地裁前の韓国人被害女性たち。1991年12▶
月6日、日本政府に謝罪と補償を求めて提訴した。

韓国人・オランダ人・中国人・台湾人の被害女性たちが、日本政府を相手に次々と裁判を起こしたが、そのすべてが棄却された。

こうした日本政府の極めて消極的な対応に対し、「国連人権委員会」や「米連邦議会下院本会議」「オランダ国会下院議会」「カナダ国会下院議会」「欧州連合議会」「韓国国会」「台湾立法院」は、被害女性へ謝罪・補償を実施するように勧告・決議を行った。このように日本と海外とでは、日本軍性奴隷問題に対する認識は大きくかけ離れている。

名乗り出て韓国政府に登録された被害女性は２３７人。そのうち健在なのは、わずか55人（２０１４年1月現在）で、平均年齢は約87歳だという。朝鮮で名乗り出たのは２１９人で、名前と顔を明らかにして証言したのはそのうちの46人。そして、その公開証言者で健在なのは、もはや10人未満（２００９年現在）という。名乗り出た人は、すべての被害女性のごくわずかと推測できる。声を上げることができなかった膨大な数の被害女性も、すでにその多くが亡くなってしまったのだろう。

日本軍に踏みにじられた尊厳の回復を日本政府に求めながらも、志半ばにしてこの世を去った韓国・朝鮮の女性たち。この本では、私がかつてインタビューをしたそうした女性たちの中から、すでに亡くなった韓国人８人・朝鮮人10人の証言を紹介している。

その名のとおり、美しくやさしい花を途切れることなく次々と咲かせる無窮花《ムグンファ》（木槿《むくげ》）。朝鮮人はこの花に、周辺の大国から幾度となく侵略を受けても抵抗を続けてきた自らの歴史を重ねる。まさしく「朝鮮民族の花」である。無窮花の可憐な花のような被害女性たちの、深い哀しみと思いを「遺言」としてこの本にまとめた。

＊1　1932年1月〜3月に中国の上海で起きた日本軍と中国軍との衝突のこと。日本軍から買収された中国人が日本人僧侶を殺害したことが発端となった。

＊2　拙著『破られた沈黙』（風媒社）に、韓国・朝鮮人も含めた台湾人・中国人・オランダ人・フィリピン人の証言を掲載している。

＊3　「軍用手票」の略称。軍隊が占領地において、物資調達のために発行した擬似紙幣のこと。アジア太平洋戦争中、日本軍は中国・インドネシア・フィリピン・ビルマなどで無制限に発行した。そのためインフレーションを引き起こして価値が下がり、日本敗戦で紙くずと化した。

＊4　拙著『破られた沈黙』で証言を紹介しているフィリピン人被害女性の、マリア・ロサ・ヘンソンさん、アナスタシア・コルテスさん、トマサ・サリノグさん、サビーナ・ビレガスさん、ファニタ・ハモットさん、ビクトリア・ロペスさんが案内してくれた。

＊5　『週刊金曜日』（1999年9月10日号・17日号）の拙稿「発見された日本海軍『慰安所』」、拙著『平壌からの告発』（風媒社）の「残っていた日本軍『慰安所』」に詳しい記事を掲載。

＊6　『週刊金曜日』（2002年9月20日号）の拙稿「羅南に残る日本陸軍の『慰安所』地区」、拙著『続・平壌からの告発』（風媒社）の「300人の恨」に詳しい記事を掲載。

＊7　1956年5月に公布。政府が売春を管理する「公娼制度」は、日本では江戸時代から存在しており、何度か廃止の試みがあったもののこの法律施行まで実現しなかった。

＊8　拙著『破られた沈黙』で証言を紹介しているフィリピン人被害女性の、ロザリオ・ノプエトさん、ファニタ・ハモットさん、ルフィナ・ヘルナンデスさんが体験している。

＊9　拙著『原爆棄民　韓国・朝鮮人被爆者の証言』（ほるぷ出版）、著者が監督した映画『ヒロシマ・ピョンヤン』（ヒロシマ・ピョンヤン制作委員会）と拙著『ヒロシマ・ピョンヤン　棄てられた被爆者』（風媒社）に詳しい。

＊10　拙著『樺太棄民　残された韓国・朝鮮人の証言』（ほるぷ出版）に詳しい。

［凡例］

一、日本軍専用の性奴隷にされた女性を「日本軍性奴隷被害者」「性奴隷被害者」「被害女性」としました。「慰安婦」「従軍慰安婦」という言葉は、証言者自身が話した場合にはそのまま使っています。

一、朝鮮半島にある国家の呼び名を、南北分断が確定する前は「朝鮮」としました。それ以降は、北緯38度線ないし軍事境界線の南側を「大韓民国」「韓国」、北側を「朝鮮民主主義人民共和国」「朝鮮」としています。証言の中で使われている場合も、同じようにしました。

一、証言の中の年齢・生年月日などは証言者が話したままになっており、それが数え年や旧暦である可能性があります。また生年月日は、実際に生まれた時ではなく、役所に届けた時などの可能性もあります。

一、証言の中に「満州」「北支」などといった適切でない表現がありますが、記録性を大切にするためにそのままにしています。

一、証言者名の欧文表記は、朝鮮民主主義人民共和国と大韓民国での使い方に合わせています。

一、証言の中の韓国ウォンでの金額への日本円の換算額は、取材時の為替レートによるものです。

無窮花の哀しみ　［証言］〈性奴隷〉にされた韓国・朝鮮人女性たち　目次

証言　Testimony of the victim　피해자의 증언

反抗した裸の女は
性器を拳銃で撃たれて殺されました。
…………黄 錦周 Hwang Kumju 95

殺された「慰安婦」たちは
地下室へ捨てられました。
…………郭 金女 Kwak Kumnyo 104

ひとりで1日30~70人もの
相手をさせられたんです。
…………文 玉珠 Mun Okju 112

「妊娠して役に立たないから殺す」

と言って、お腹を軍刀で切ったんです。

…………李 桂月 Li Gyeweol 123

勤労挺身隊として行った日本で
「慰安婦」をさせられました。

姜 徳景
Kang Dokkyong
132

兵隊は彼女の首を切り
その煮汁を飲めと強要しました。

李 福汝
Li Boknyo
147

日本や韓国の若者に
事実を教えなければなりません。

金 学順
Kim Haksun
153

ルポ Reportage 르포르타주

証言

Testimony of the victim

피해자의 증언

私自身が強制連行の最も確かな証拠ではありませんか。

盧《ノ》 清子《チョンジャ》
No Chongja
1922年２月16日生まれ
大韓民国忠清南道保寧市で生活
2004年8月23日死亡

私が生まれたのは、大田《テジョン》の儒城《ユソン》温泉にある貧しい農家でした。数え年で17歳の3月のことです。お母さんと畑で豆の種を蒔《ま》いていましたが、昼になるとお母さんは家に戻りました。すると、村人たちが来て「日本人が処女たちを連れて行こうとしている」と言うのです。すぐにお母さんが走って戻って来て「兵隊が来たから早く逃げろ！」と言いました。父方の伯母さんの家へ逃げることになり、お母さんは自分の白いチマ[*1]を脱いで、顔を隠すために私にかぶせてくれました。そこから伯母さんの所まで3里[*2]ありましたが、私は「道を知っているので一人で行く」と言ったんです。

峠の手前で女の泣き声が聞こえました。そちらを見たら、兵隊と捕まえられている女がいたんです。私はチマをかぶっていたので、兵隊がいるのに気がつかなかったんです。足が震えて逃げられ

◀ソウルの日本大使館前。遠くに住む盧さんが、抗議行動への参加者の中で一番最初に来ていた。

ず、橋の上で捕まってしまいました。その兵隊は、赤い文字で「憲兵」と書かれた腕章をしていました。

100メートルほど連れて行かれると、そこには大きなトラックが3台停まっていて、兵隊が10人いました。小銃を持ち、帯剣をしていました。1台のトラックにだけ幌がかかっており、それに乗せられたら他の所で捕まった娘たちがいました。私を入れて38人が捕まったんです。私が知らない人ばかりで、18歳か19歳が多かったですが16歳もいました。ほとんどが忠清南道《チュンチョンナムド》の人です。「殺されるのではないだろうか」と、みんなで抱き合って泣いていました。その時、私には面事務所[*3]で書記をしているいいなずけがおり、五日後には嫁に行くことになっていたんです。

その日の夜、トラックは鉄道の駅に着き、すぐに無蓋《むがい》の汽車[*4]に乗せられました。生まれて初めて汽車に乗ったので、どこの駅だったのかは分かりません。

四昼夜走って着いたのは「北支」の天津《テンシン》でした。そこからトラックで「五台山[*5]」という最前線の部隊に着きました。そして部隊から100～200メートルほど離れた所に建っている、まだ新しい小屋に入れられました。

その中は、板で細かく仕切られた部屋があり、番号が付いていました。私は7号室でした。建物の外から入れるように部屋ごとに入口があり、そこにはカーテンが掛かっていました。

その日の夜7時頃、どの部屋にも兵隊が入って来たんです。それは一等兵と二等兵たちでした。私は激しく抵抗したので、兵隊に殴られたり蹴られたりしました。鼻や口から血を出し、お尻に大けがをしました。

それからの日課は、朝6時の起床ラッパで始まりました。そして、兵隊が大きな桶に入れて持って来るご飯を女たちで分けて食べるのです。午前9～10時に風呂を済ませると、11時から兵隊たち

日本国大使館
EMBASSY OF JAPAN

盧 清子　28

29　被害女性たちと女性団体が、毎週水曜日におこなっている日本大使館前での抗議行動。

穏やかな性格の盧さんは、生活の苦しさを遠慮がちに語った。

が来ました。夜10時か11時までは普通の兵隊で、それ以降から午前3時までは将校でした。毎日30～40人が来たんです。そのため、女たちはいちいち着物を脱がず、下半身は出しっぱなしでした。ここでお金など見たこともなく、時々、慰問袋が配られただけです。兵隊が戦場に出かけたり戻って来る時には「大日本国防婦人会[*6]」と書かれたタスキを掛けて送り迎えをさせられたこともあります。

部隊がいた建物は昔の城郭のような中にありました。その門を出入りするには胸に標識を付けていないとできないのです。だから、私たちが逃げることなど不可能でした。1年半ほどした時、外出させてくれるようになりました。セーターや洋服を売る露天の店や、朝鮮人の食堂もありました。天津に住んでいる権《コン》ヨンドという名の朝鮮人商人が、着物を売るために城内へ出入りしていました。年齢は50歳くらいでした。朝鮮での生活があまりにも貧しいため、夫婦で天津へ来たとのことです。

「そんなにしていたら、いつ死ぬかわからないよ」と、この人が私だけを逃がしてくれたんです。私を気に入ったのが理由のようです。息ができるように穴を開けた箱をトラックの荷台に乗せ、その中に私を寝かせて入れました。そして、その上に品物を乗せて見つからないようにしたんです。それは、そこへ行って2年3カ月した時のことでした。

権さんは論山《ノンサン》出身で、妻は朴金子《パククムジャ》という名前です。私は天津で、かくまわれて暮らしました。そして権さんたちと一緒に帰国したんです。それから数カ月後、解放[*7]になりました。

家に戻ってみるとお母さんしかいませんでした。お父さんは「徴用[*8]」されて行った「南洋群島[*9]」で、日本人に叩かれて背骨を折り亡くなったとのことです。兄は心臓まひで死亡していました。

お母さんは、私は死んだものと思っていたそうです。私はいきさつをすべて話しました。お母さんは「生きて帰っただけでも良かった」と言ったものの泣いてばかりいました。

帰国してから今まで、出稼ぎ・畑の手伝い・お手伝いさんなど、いろんな仕事をしました。生きていくだけで精一杯でした。

結婚は一度もしませんでした。日本兵に蹴られてけがをした痕が痛むからです。今でも痛くて寝れないほどで、働いてお金を貯めては病院に行くという生活です。ちゃんとした治療を受けるには、50万ウォン（約7万1000円）必要だと医者に言われてあきらめています。

毎月、役場からもらう3万6000ウォン（約5100円）のお金と米10キロ・麦1升で生活しています。ニンニクの皮むきの仕事は、二日かかって20キロをむいて3800ウォン（約540円）にしかなりません。お粥《かゆ》を食べて命をつないでいるんです。月5万ウォン（約7100円）の家賃が払えないため、大家から出てくれと言われています。

私は、結婚式の直前に処女を汚され、青春を奪われてしまったんです。私の一生をこんなにした日本は、恨んでも恨んでも恨み切れません。日本人を見ると、歯ぎしりをするような憎しみを感じます。金学順《キムハクスン》さんがテレビで話しているのを見て、1992年1月に私も名乗り出る決心をしました。それからは、精神的に少しは楽になりました。

日本政府は「強制的に連れて行った証拠がない」と、事実を隠そうとしていますが、私自身が最も確かな証拠ではありませんか。素直に罪を認めて早く補償をして欲しいのです。そうすれば、今の家から追い出されずにもすみます。誰も身寄りがないし、何とか命を保っているような状況なので、このままだと早く死んでしまったほうが良いくらいです。

（取材：1992年4月21日／同年9月30日）

＊1　朝鮮民族の民族衣装で、女性が着るスカートのような衣装のこと。
＊2　朝鮮での1里は約400メートル。
＊3　朝鮮の地方行政区画で、「郡」の下、「里」「洞」の上に位置し、日本の「村」に相当する。
＊4　屋根や覆いのない貨車のこと。
＊5　山西省にある「五台山」と思われる。
＊6　1932年に結成された、戦争協力のための女性団体。出征する将兵の送迎や防空訓練などをおこなった。
＊7　1945年8月15日の日本敗戦によって、朝鮮が日本の支配から解放されたこと。
＊8　1944年9月以降、「国民徴用令」が朝鮮人にも適用され、当時の樺太や「南洋群島」、日本などに強制的に動員された。
＊9　日本が統治したマリアナ・カロリン・マーシャル諸島のこと。日本は、ドイツの植民地だったこれらの島々を第一次世界大戦で占領。1920年に「国際連盟」において日本への委任統治が決まり「南洋庁」が開設された。アジア太平洋戦争では米軍の激しい攻撃を受け、敗戦によって統治は終った。

朝鮮人の特攻兵と一緒に歌って泣いたこともあります。

李《イ》 貴粉《クィブン》
I Kwibun
1927年８月12日生まれ
大韓民国釜山市で生活
2004年10月10日死亡

私は慶尚北道《キョンサンブクド》永川《ヨンチョン》の出身です。家は金持ちで土地がたくさんあったので、人に貸して小作をさせていました。お父さんは大邱《テグ》の法院で働いていました。

私が通った学校は「永川南部国民学校」で、９歳の時に入学しました。日本人と朝鮮人が一緒に学ぶ学校で、日本人の方が多かったです。日本人なら誰でも入れるのに、朝鮮人は学校に行く金のない人が多かったし、かなり頭が良くないと入れてくれなかったんです。それに、朝鮮人はどんなに勉強ができても、先生はそれを認めてくれませんでした。１学年に４クラスあり、１クラスは60人ほどでした。

日本人と朝鮮人の子どもたちは、仲が悪かったんですよ。それは、日本人の子どもが朝鮮人に悪口を言うからでした。「朝鮮人の服は汚い」とか、女の子は「朝鮮ピー*1」と言われたんです。だか

가오리찜
小3,000
大5,000
4,000

らこの時から、「朝鮮ピー」とは何の意味なのかって知っていました。朝鮮人が日本人をいじめた場合は、先生から体罰を受けたんです。

蔚山《ウルサン》に一家で引っ越しをして2カ月した時のことです。私は11歳で、3年生になっており、時期は10月か11月じゃなかったかと思います。ある日曜日に、家から遠くない所で女の子3人で縄跳びをしていたんです。「♪かあちゃん、この子をどうするか、捨てて置いてかわいそうー」って歌いながらです。女の子二人は、私より汚い服を着ていました。

そうしていたら、背広を着た一人の日本人とその手下の朝鮮人一人が私に近づいて来ました。朝鮮人の方が「君のお父さんから、用事があるので娘を連れて来るようにと言われた」と私に話しかけてきたんです。だから、お父さんの知っている人だと思ったんです。私が話をしている間に、二人の女の子はいなくなってしまいました。

その男たちに連れて行かれたのは瓦屋根の朝鮮式の建物で、表札には「趙《チョ》ミョンギル」とありました。私は、家の裏にある部屋に鍵をかけて入れられたんです。ここで、だまされたのがわかりました。そこには3人の朝鮮人の女の子がいました。「帰りたい、お母さんに会いたい」と泣いたり叫んだりしたんですが、そうするとひどく殴られました。その次の日には、永川に住んでいる李という女の子が来ました。

二人の男と一人の女に見張られて、ここに3カ月間いました。その間に連れて来られた女の子は5人になったんです。

食堂で働いて貯めた金で、自分の店を始めた。

そして、蔚山から釜山《プサン》に汽車で連れて行かれ、その翌日の午後5時30分発の船で下関に行きました。連れて行かれた家には朝鮮人の女の子が33人入れられており、私たちと合わせて38人になりました。全羅道《チョンラド》・浦項《ポハン》・沙里院《サリウォン》など朝鮮の各地から集められていました。下関にいたのは15日間で、その間に教育を受けました。ここには「オヤジ」と呼ばれる日本人の男が二人いて、「いらっしゃいませ」「1、2、3、4」などを日本語で教えたんです。

　乗せられた大きな船は軍艦のようでした。船には、階級章のついていない国防色[*2]の軍服を着た人たちが乗っていました。船の2階に入れられましたが、1

階には爆弾とか軍需品、3階にはボート・縄が積まれていました。船に三日間くらい乗り、台湾の高雄港に着きました。

そこから汽車で10時間かけて彰化に行きました。着くと、寺に似た建物に入れられたんですが、そこの前に置かれた腰掛けには11人の女が座っていました。口を赤く塗り、和服を着ている人もいました。

連れて来られた38人の女は、3～4日たってから17～18人が別の所に移されて行きましたが、私はここに残りました。私が一番年下でした。私はあまりにも若かったので掃除をしただけですが、他の人はみんな「慰安婦」をさせられたんです。

ここで3カ月と7日間くらいした時、私は夜中の3時頃に一人で逃げ出しました。5里以上歩いて警察署に助けを求めたんです。そこには日本人の警官が20人くらいと「藤本部長」という人がいました。私が「助けてください」と言うと、「こいつは朝鮮ピーじゃないか」って「藤本」が言ったんです。

ここの警察署が書類を作って、朝鮮の警察に送りました。後で聞いた話だと、お母さんの所へ警察官がその書類を持って来て「こういう娘はいるか」と聞いたそうです。お母さんは、刀を下げた日本人の警察官が訪ねて来たのでびっくりし、「そのような娘はいない」と答えてしまったんです。もしそれが朝鮮人の警察官だったのなら、こんなことにはならなかったでしょう。

朝鮮からの返事があるまでの間は、警察署の中で掃除などをしていました。1カ月後に書類が戻って来ましたが、「身内もないので私の家で子守をしなさい」と「藤本」は自分の家に連れて行ったんです。「藤本」には、中学生くらいの「サダ子」と高校生くらいの「マサ子」という二人の娘がいました。私はその家で「コハナ」と呼ばれ、掃除・炊事・洗濯をしました。

「藤本」の家で5年ほどした時のことです。戦争が激しくなり、そこにもB29の空襲がありました。それで「藤本」は、自分の家族を日本に帰しました。ところが、それから三日くらいすると、伍長が私を連れに来たんです。「藤本」は私を朝鮮に帰してくれるどころか、日本軍に引き渡したんです。「慰安婦」にさせられるとわかり、何度も死のうと思いましたができませんでした。

山の上に陣地がある日本軍部隊に連れて行かれると、そこには朝鮮の女が40人いました。18歳の私が一番年下で、最年長は24歳でした。この陣地の地下には、トラックが2台並んで通れるほどのトンネルがあり、空から見てもわからないようになっていました。空襲があっても揺れるだけでした。そこには兵隊たちがいるだけでなく、武器がいっぱいありました。

週のうち五日間は、この陣地で寝泊まりしながら草刈りをしました。その草を燃やして煙を出し、空襲ができないようにするためです。後の二日間は、山から下りたところにある「慰安所」へ行って兵隊の相手をさせられたんです。来たのは兵隊だけで、階級の高い兵隊は泊まっていくこともありました。陣地と「慰安所」との移動は軍のトラックでしました。

私たちを管理していたのは「新原」という「オヤジ」と、「エイ子」という名の仲居で、二人は夫婦です。ここでは「ハル子」という名前を私は使っていました。「慰安所」の建物は高雄の近くにあり、中国人（台湾人のこと、以下同じ）を追い出した中学校や高校の校舎です。校舎は煉瓦造りの3階建てで、教室がベニヤ板のような物で三つの小さな部屋に分けられていました。そこに畳が敷いてあり、布団だけが置かれていました。

部屋の消毒は、自分たちで週に2回しました。月3回、軍医による私たちへの検診がありました。妊娠したり梅毒などの性病にならないように、注射をされたんです。梅毒にかかるとご飯がもらえず、体がどんどん弱っていくんです。子宮が腫《は》れて死んだ人もいます。誰かが死ぬと、次々と新し

李 貴粉　40

41　食堂はガソリンスタンドの片隅にある。私はインタビューのために1日いたが、客はわずか数人だった。

い女性が送り込まれて来ました。

「慰安所」に来た兵隊は学校の運動場に並ぶのですが、千人は越えていたと思います。建物の入口で机を前にして座っている「オヤジ」と仲居が、兵隊の持って来た切符を受け取っていました。ですが、私たちはここでお金を見たこともらったことも、まったくありませんでした。

朝9時から夜12時までの間に相手をするのは20~30人で、多い時には50人にもなりました。兵隊の数があまりにも多くて嫌がると殴られました。兵隊たちから私たちは「朝鮮ピー、朝鮮ピー」と、いつも言われていました。

「慰安所」には、日本軍の中にいる朝鮮人や中国人の兵隊も来ました。朝鮮人の兵隊は、切符を出して入って来ても、故郷の話をするだけでそのまま帰って行きました。特攻隊の中には朝鮮人もいました。夜中に隠れて彼らと会って、特攻隊の歌を一緒に歌って泣いたこともあります。

ここの「慰安婦」はみんな朝鮮人でした。高雄だけでも七カ所くらい「慰安所」があって、その中には日本人の「慰安婦」がいるところもありましたが、中国人は見たことがありません。

ここに2年間と少しいて終戦を迎えました。「オヤジ」たちはその日のうちにいなくなり、兵隊たちが「慰安所」に来なくなったんです。私は二日後に、沙里院出身の「アイ子」と一緒に逃げました。私たちは、中国人の女の服を着て髪も中国風にしました。そして、バーで歌や踊りをして働いたんです。朝鮮人だということがばれたら殺されるかもしれないので、3~5日で次々と移りました。

その年の秋、高雄のバーで働いていた時のことです。「中国人が日本の軍人と朝鮮人の女を捕まえて槍で殺そうとしている。同胞が集まって話をするから集まれ」というハングルで書かれたビラを、朝鮮語を話す人からもらったんです。

そのビラには「高雄の山にある神社に集まれ」とあったので、そこに行ってみました。朝鮮人が千人くらいはいたのではないでしょうか。男は200～300人で、軍人ばかりでした。残りが「慰安婦」だった女性です。そこでは、ハングルで書いたビラも撒《ま》かれていましたし、鉛で作った太極旗[*3]のバッジもくれました。学問のある人が「このままだと日本人として殺される。みんなそれぞれ生きる道を探して祖国へ帰りなさい」と、手作りの拡声器で話していました。みんなで歌も歌いましたが、この集まりはすぐに解散しなければならなかったんです。中国人が、槍やこん棒を持って襲って来たからです。殴り合いになって、殺された人もいました。最近のことですが、この場にいた男性とソウルにある「太平洋戦争犠牲者遺族会」の事務所で出会いました。

バーで働いて金ができたので、戦争が終わってから10カ月くらいした時に台北《タイペイ》へ行きました。そこで約6カ月間働き、次に彰化へ行きました。そこでもバーで働いていましたが、朝鮮人だということがばれそうになり「アイ子」と一緒に逃げ出したんです。

その途中、彰化から少し離れた所にあったトンネルに入りました。どこに通じているのか知りませんでしたが、どこかの田舎に出るだろうと思っていました。今考えてみると、戦争に使っていたものかもしれません。その時は、生きるか死ぬかという気持ちだったので、真っ暗な中を懐中電灯一つで何も食べずに歩きました。

やっと出口が見えて海に出ました。朝早く入ったのに、出たら夕方でした。20分くらいした時、そこに太極旗を掲げた船が通ったんです。服を脱いで振り回しました。すると船が停まって、米国人の服装をした二人の朝鮮人がボートでやって来ました。この船にはたくさんの朝鮮人が乗っていました。「日本兵」として沖縄で米軍の捕虜となった人たちで、帰国する途中だったんです。[*4]

船は四日かかって釜山港に着きました。この船が通らなかったら帰国できずに死んでいたかもしれません。沙里院出身の「アイ子」は、（38度線の）北側へ帰って行きました。これは1947年3月頃のことです。

帰国して最初に行ったのは、蔚山にある趙の家でした。というのは、殺してやりたかったからです。だけどそこには洋式の別の家が建っていました。

故郷に帰ると、お母さんは生きていました。ですがお母さんは、私を見て「知らない」と言ったんです。私の顔が、あまりにも変わってしまったからです。首のホクロを見て私だとわかってくれ、手を取り合って泣きました。

お母さんには「捕まってからは日本の工場で働いていた」と言いました。そのために、「嫁に行け」とさかんに言われました。過去を隠して結婚したら相手の人をだますことになるので、私が「行かない」と言っているうちにお母さんは亡くなってしまいました。

自分の体験を話したいと思ったことは、今までに何度もありました。数年前から、いつかは誰かに言わなければ「慰安婦」のことは忘れられてしまうし、子どもたちも知らないままになると思っていました。そしたら1991年に、日本の「従軍慰安婦」への態度[*5]にショックを受けたんです。これではいけないと思い、自分から電話して新聞記者を呼びました。二人の弟は、私の過去のことを最近になってマスコミで知りました。

悲しみというより怒りが先にきます。「オンマ（お母ちゃん）」と呼ばれたこともなく、家庭を持つこともなく一人で生きてきました。このような私を、誰がつくったんでしょうか。簡単にこの恨《ハン》[*6]は解けるものではありません。この胸の憤りをどのように晴らせばよいのでしょうか。

私の話で日本人に反省をさせたいのです。涙を流すだけでなく、事実を知らせることが大事なのです。再びこういうことがないように、私の体験を知らせるのが人生最後の仕事だと思います。自分の過去を公表して良かったです。

（取材：1992年2月22日／同年6月1日・1996年1月8日）

＊1　売春婦を蔑む呼び方。
＊2　日本陸軍の軍服の色のこと。
＊3　李氏朝鮮の高宗時代の1883年に国旗として公布され、1949年に大韓民国の国旗に制定された。
＊4　台湾で「送還の対象になったのは朝鮮人が軍人一三二〇人、非軍人一九四〇人」（『台湾総督府』黄昭堂）という。
＊5　参議院予算委員会での、日本政府は関与していないとした政府答弁のこと。
＊6　抑圧されてきた朝鮮民衆の、内にこもって発散できない悲哀を含んだ複雑な感情のことで、単なる恨みではない。

朝鮮語を使っただけで「トキ子」は首をはねられたんです。

金《キム》 英《ヨン》実《シル》
Kim Yongsir
1924年10月21日生まれ
朝鮮民主主義人民共和国
両江道恵山市で生活
2003年死亡

私は、現在の両江道《ヤンガンド》普天郡《プチョングン》で生まれました。家族は両親と兄・弟・妹二人の七人でした。お父さんは病気だったので、お母さんが日雇いをしていたんですが、貧しい生活でした。

私は数え年で13歳の時、会寧《フェリョン》にいるお父さんの妹の家で世話になることになりました。そこまでは何日もかかるのですが、お金のない私は、物乞いをしたり木の実を採って食べて空腹をしのぎ、農家に泊めてもらったり野宿をしながら旅をしました。ところが会寧へ行ってみると、叔母さん一家は中国に渡ったとかでそこにはいなかったんです。帰ることもできなくて、その近所で雑用をして働きました。

１９４１年、働いていた居酒屋に背広を着た日本人が来て「いい職場を紹介してあげる」と言ったんです。どこかの工場で働けるというので、これで家族に仕送りができると思いました。日本人

平壌を訪れた日本人研究者らの前で、涙を流しながら淡々と体験を語った。

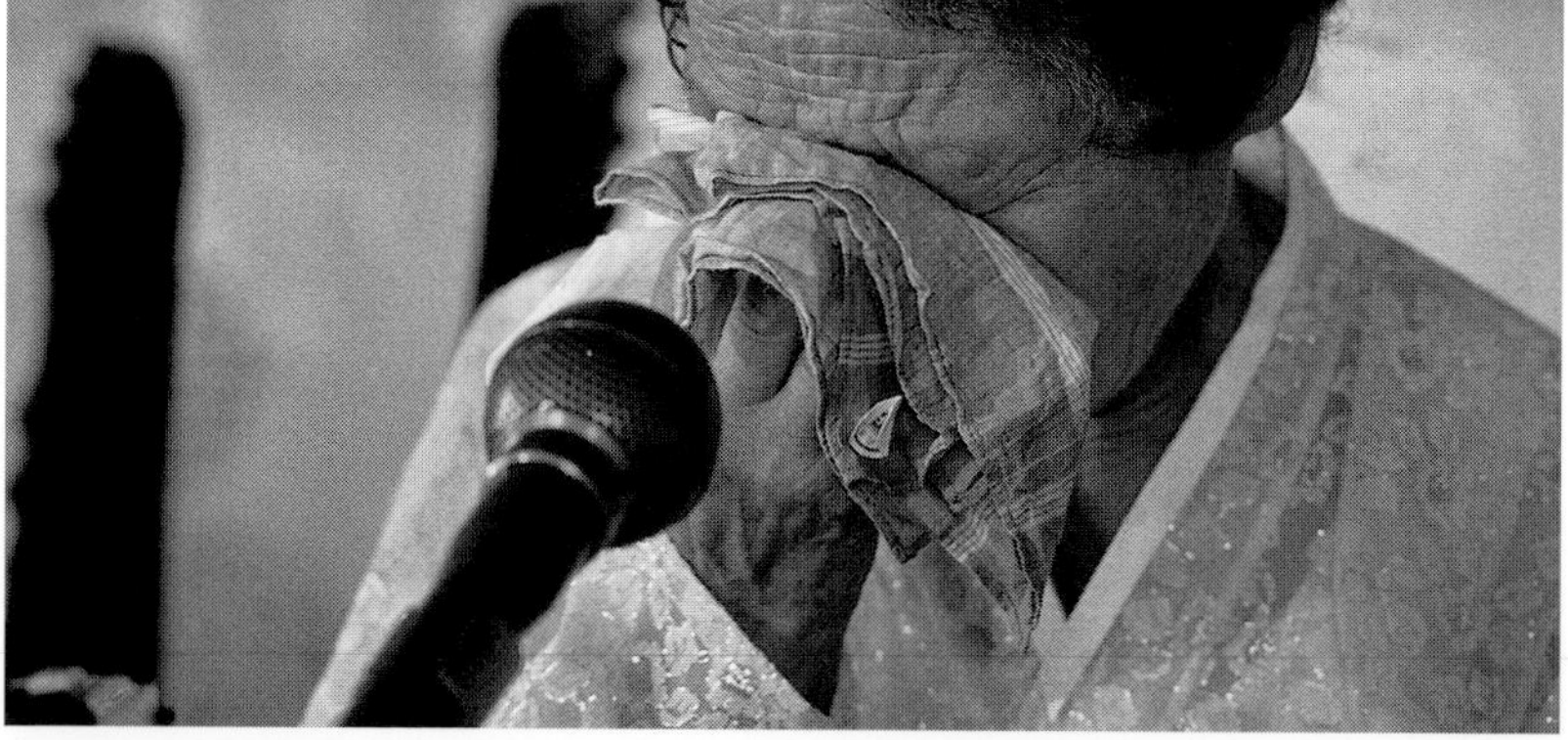

1992年12月9日、東京で開催された「日本の戦後補償に関する国際公聴会」で証言するために来日した。

左から金英実さん、性奴隷被害者の李京生さん、トラック島で飛行場建設をさせられた張鎮秀（チャン・チンス）さん、北海道と千島列島で働かされた金カプスルさん。

区長の家に行くと、そこにはすでに14～15人の女性が集まっていました。

迎えに来たトラックで会寧駅へ行き、昼過ぎに列車に乗せられました。夕方に着いた青鶴洞《チョンハクドン》*1の駅からは、幌付きトラックに30分ほど乗せられて、朝鮮と中国・ソ連が接する国境地帯へ着きました。

そこには10人くらいの朝鮮人女性がおり、彼女たちは「なぜこんなところに来てしまったのか。ここからは生きて出られないのに」と悲しげに話しかけてきたんです。私にはそれが何のことなのか分かりませんでした。

倉庫に入れられ、着ていたチョゴリ*2を日本の着物に無理やり着替えさせられました。そして「ここで朝鮮語を使うと殺す！」と脅されたんです。私は「エイ子」という名前を付けられました。

麦ごはんとスープだけの夕食を出されたものの、恐怖でのどを通りませんでした。どうにかして逃げようと考えていた時、私たちを連れてきた男が肩に星三つが付いた将校*3の軍服を着て入って来ました。そして有無を言わさず私を強姦したんです。その夜は、この男の他に7人もが私を強姦しました。

それからは、毎日20～40人の兵隊の相手をさせられたんです。私たちは週に1～2回、「慰安所」のない駐屯地へ派遣されることもありました。私たちの人数は常に14～15人で、欠員が出ると補充されていました。

ある日、私より年下の「トキ子」が朝鮮語を使ったからと、私たちの前で将校に日本刀で首を切られてしまったんです。あまりの恐ろしさに、泣き叫んだり気絶したりする人もいました。私は声を出すこともできず、うつむいていました。それからは、日本語のよくわからない私たちは、目と目で語るしかなかったんです。

1945年8月10日頃、私は酔っぱらった将校とけんかをしたため拷問をされました。無理やり水を飲まされて、ふくれ上がったお腹に置いた板の上に二人が乗ったんです。このことで私は、死ぬ覚悟で逃げようと決心をしました。

13日に「我々は日本へ帰るのでお前たちも連れて行く」と将校が言うので、その日の夕方に逃げ出したんです。山の中に二日間くらい隠れてから、ふもとの人家で食べ物をもらいました。この時、朝鮮の解放を聞きました。しかしそれが信じられなくて山の中に潜み続け、秋になってから清津《チョンジン》に出て来ました。

今まで、「慰安婦」だったことは口に出せませんでした。名乗り出た人のことをテレビで知り、「嫁にもいけなかったこの恨みを、持ったまま死ぬわけにはいかない」と思い、話をすることにしました。

（取材：1992年8月12日／1992年12月9日）

＊1　中国東北地方との国境に沿って敷設された「満鉄北鮮線」の駅で、ソ連にも近い。
＊2　朝鮮民族の民族衣装で、男女が着る上衣のこと。
＊3　大尉か大佐のどちらかと思われる。

「処女供出」の名目で私たち3人が連行されました。

李《リ》 相玉《サンオク》
Li Sangok
1926年1月2日生まれ
朝鮮民主主義人民共和国
黄海北道鳳山郡馬山里で生活
2005年2月死亡

私は現在の黄海北道《ファンヘプクド》新坪郡《シンピョングン》で生まれました。両親と姉・兄の5人家族でした。お母さんは病身で、私が13歳の時に亡くなりました。私たち兄弟3人はお父さんが育ててくれたんです。そのお父さんが「報国隊」[*1]として駆り出されてしまい、それからは、お兄さんが牛飼い、お姉さんは洗濯仕事、私は子守りとして働きました。

私が17歳の春のことです。「処女供出」の名目で、区長によって私とタンシミ、ヨンシリの3人の女性が連行されました。結婚している女性は連れて行かれないとのうわさもありました。ですが周りの人たちが私を知っているので、うそをつくわけにもいかなかったんです。

連れて行かれた駅には、12人の少女が集められていました。そこには幌《ほろ》のついたトラックが止まっていて、それに乗れと言われました。12人は、途中で3～4人ずつ降ろされていきました。残っ

◀足には日本兵に暴行された傷跡が今も残っている。

たのは、私とタンシミ、ヨンシリとの3人です。トラックの幌で外を見ることは出来ず、着いた所がどこなのか分かりませんでした。板塀に囲まれた敷地内に、三つの建物がありました。兵士なのか巡査なのかは分かりませんが、「安田」という男に「おれの言うことを聞かないと殺すぞ！」と脅されました。

翌日、「安田」から性的暴行を受けました。あまりにも怖くて気絶してしまいました。人間であるのに、猛獣でもできないような残酷なことを3人の男からされたんです。その時のことを思うと今でも怒りがこみあげ、恐ろしくてたまりません。

「慰安所」は平屋建ての新しい建物でした。その中には5部屋ありましたが、最初は自分たち3人しかいませんでした。一つの部屋は2メートル四方くらいで、その狭い場所にベッドが置かれていました。時々、軍医が消毒をするために来ました。食事は、塩を少しつけただけの握り飯が一つだけでした。

「慰安所」へは軍人だけがやって来ました。そして毎日同じことが続きました。性的な暴行だけではなく、奴らは人間として考えられないような暴行もしたんです。ヨンシリは殺されました。血みどろの姿で、苦しくてうめき声を上げていました。

私はある日、性的暴行を受けた後、面白半分に暴行を受けました。折り曲げた足の間に棒を入れられ、膝の上にのしかかられたんです。この時の傷は、今でも消えていません。

ここにいては死んでしまうと、タンシミと二人で逃げようと思いました。見つかれば殺されると覚悟していました。板壁を少しずつゆすり、釘を抜くことにしたんです。ひとけのない時にゆすって、やっと板をはずし、その隙間から逃げ出しました。

山へ逃げて、草の根や木の実など口に出来るものは何でも食べましたが、ひもじい思いをしまし

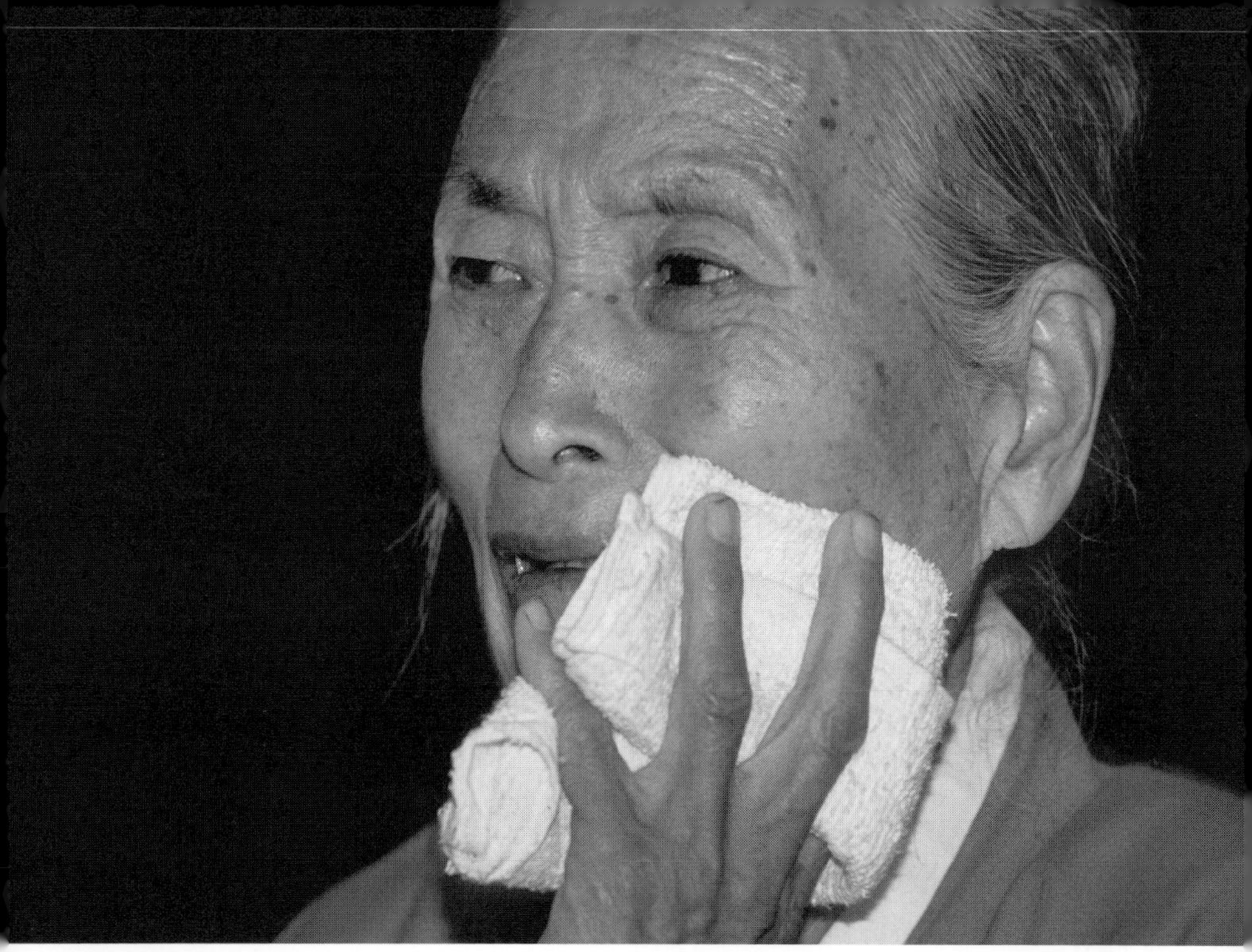

2002 年5月に平壌で開催された戦後補償に関する国際会議で、韓国からの李容洙（イ・ヨンス）さんと話をした。

た。また、「慰安所」で受けた暴行で足腰は痛み、平手打ちをされたために耳が遠くなっていました。このままでは餓死してしまうので、二人で里に下りることにしました。ヨンシミとはこの時に分かれましたが、その後、彼女がどうなったかは分かりません。

私は運良く農民と出会い、かくまってもらったんです。「慰安所」で着ていた服をチマ・チョゴリに着替え、農作業を手伝うことになりました。その農民から、その場所は順川《スンチョン》まで12キロメートルの場所だと聞きました。

8月15日の解放はここで迎えました。郷里に帰ってみると、お父さんとお姉さんが戻っていました。私は「慰安婦」にされたことは、誰にも話しませんでした。

さびしさも募り、体が不自由なのでひとり身では暮らしもままなりませんでした。そのため38歳の時、周囲のすすめもあって3人の子持ちの男性と結婚しました。ですが私は、子どもを生むことができませんでした。これも性的暴行のためです。3人の娘はすでに嫁ぎ、夫も亡くなってしまい、今はまた一人暮しになりました。家族と一緒に生活している人を見ると、うらやましくてなりません。


私は体験を隠してきましたが、政府が（日本軍性奴隷）被害者の調査を始めたので「報国隊に行った」と申し出たんです。ですが、「真実を語っても良いですよ」と言われたので告白しました。近所の人たちは「朝鮮人民のすべてが、日本帝国主義によって自分か家族が被害を受けたのだから……」と言ってなぐさめてくれました。

後遺症で足が悪く、一人前の仕事はできませんでした。政府はそんな私の生活を守ってくれていますが、日本政府は何をしてくれたというのでしょうか。一日も早く謝罪と補償をするべきです。

このようにされたことを恨んでいます。生活が保障されているので今日まで生き長らえることができましたが、死んでしまいたいと思うこともあります。名乗り出たことが、良かったのかどうかは分かりません。苦痛が大きくて、体験の一部しか話せません。私の気持ちを理解できますか？

（取材：２００1年10月13日）

＊1 「勤労報国隊」のこと。14歳以上40歳未満の男性と、14歳以上25歳未満の独身女性を対象とした。

16歳の時、警察で拷問され気がついたら福岡の「慰安所」でした。

沈《シム》 美子《ミジャ》
Sim Mija
1924年2月4日生まれ
大韓民国京畿道城南市で生活
2008年2月27日死亡

私は、黄海道《ファンヘド》延白郡《ヨンベクグン》で生まれました。お父さんは両班《ヤンバン》[*1]出身で、仕事もせずに遊び歩いていました。だけど、財産があったり地主だったわけではありませんでした。そのためお母さんは実家で、お祖母さんと一緒に韓服[*2]などを縫う針仕事をして生活したんです。だから私は、お祖母さんのところで育ちました。

私は小学校に入る前には「夜学校」に通っていました。そこの先生が「美子《ミジャ》は頭が良いので勉強させなさい」とお祖母さんに言ってくれたんです。お母さんは「学校なんか行かなくても良い」と言ったのですが、「女の子でも勉強させなければいけない」とお祖母さんが行かせてくれました。通学した「鳳西小学校」は、お祖母さんの家との間に2軒しかないほど近くでした。

「学校の中で日本語を使わない」と、私はいつも先生に叩かれていました。毎日の朝会の時には

「皇国臣民の誓い」[3]を言わされ、「宮城遥拝」[4]をさせられました。また、学校の正門から入ったところに神社[5]があって、行き帰りには手を合わせて拝まないと叩かれたんです。

私が5年生の時は16歳でした。担任の「林」先生は、私の家の前を通って自分の家に帰っていたので、よく立ち寄っていきました。夕方、ちょうど通りかかった「林」先生を、お祖母さんが「芋を蒸したので、食べていってください」と呼び止めたんです。

その時、部屋の壁には私の刺繍《ししゅう》が飾ってありました。それは、無窮花《ムグンファ》（木槿《むくげ》）の花と枝を並べて朝鮮の地図の形にしたものです。先生は、芋を食べながらその刺繍を見て、「誰が刺繍したのか」とお祖母さんに尋ねました。縄跳びをしていた私が呼ばれ、「日本の地図も作ってくれ」と先生に言われたんです。

それで私は、アサガオの花を並べた地図を刺繍して学校に持って行きました。「林」先生は、「こんなに美しいのを作ってくれました」とクラスのみんなの前でほめてくれました。校長先生もとても喜んでくれて、教務室に飾ってもらったんです。

ところが3月中旬のある日、作文の授業中に呼ばれて教務室へ行きました。そこには日本人の40歳近くの警察官と校長先生がいました。警察官は私に「この刺繍を作ったのか」と聞くので、何のためらいもなく「そうです」と答えました。すると「朝鮮の地図は木槿で作ったのに、どうしてこれはサクラでなくアサガオなのか。日本の花が何なのか知っているのか」と言ったんです。私は「サクラよりもアサガオの方がきれいだから」と答えました。するとその警察官は、私の思想が疑わしいと怒鳴ったんです。この時、校長先生は警察官に何も言ってくれませんでした。今、考えてもこのことには憤りを覚えます。

そして、学校のすぐそばの「鳳西警察署」に連れて行かれました。学校と警察署との間には3軒

◀（上）肩には、焼けたコテを押し付けられた痕が残る。
（下）竹の針を差し込まれて変形した親指の爪。

しか家がないほど近くでした。

警察官は、宿直室で私に暴行しようとしたんです。小学校の女の子たちは、白いチョゴリと、学年を表す白い線の入った黒の短いチマを着ており、警察官はそのチマをまくり上げたんです。警察官の耳が私の口のあたりにきたので、思い切り噛んだら驚いて飛び出して行きました。3～4時間すると、前と違う警察官が来ました。取り調べ室で「お父さんは昨日どこに行っていたのか」と聞くので「私が3歳の時から出歩いているので知らない。顔も覚えていないくらいだ」と答えたんです。そしたら「お前も父親も思想がおかしい」と言われて拷問をされたんです。

最初は電気拷問でした。両手を広げて体が動かないようにされ、両足も縛られて電気を流されたんです。体全体がしびれ、冷たい水に入れられた時のような感じがしました。3回くらい流されたんです。次は、編み物で使うような竹の針を、手の爪の下に差し込まれました。それから、赤く焼けたコテを肩と首に押し付けられたんです。自分の体の肉が焼けた臭いを嗅《か》いで、気を失ってしまいました。

気がついたら狭い部屋に押し込まれていました。どれだけの間、気を失っていたのか分からないのです。傷は痛いしお腹が空いていたので、立ち上がれませんでした。しばらくすると、朝鮮の女が何人か来て、「まだ死んでいない」と私を見て言いました。「何か食べさせてくれ」と私が言うと、干パンと水を持って来てくれました。

「どうしてここへ来たのか」と聞かれたので、いきさつを話しました。女たちが「ここは福岡だ」と言うので、私は「朝鮮に福岡があるのか」って聞いたんです。私は日本に連れて来られていると思わなかったからです。そして「ここは何をするところなのか、学校なのか」と聞きました。するとと女たちは笑いながら「この女は気がおかしい、もう少し待てば分かるから」と言い、教えて

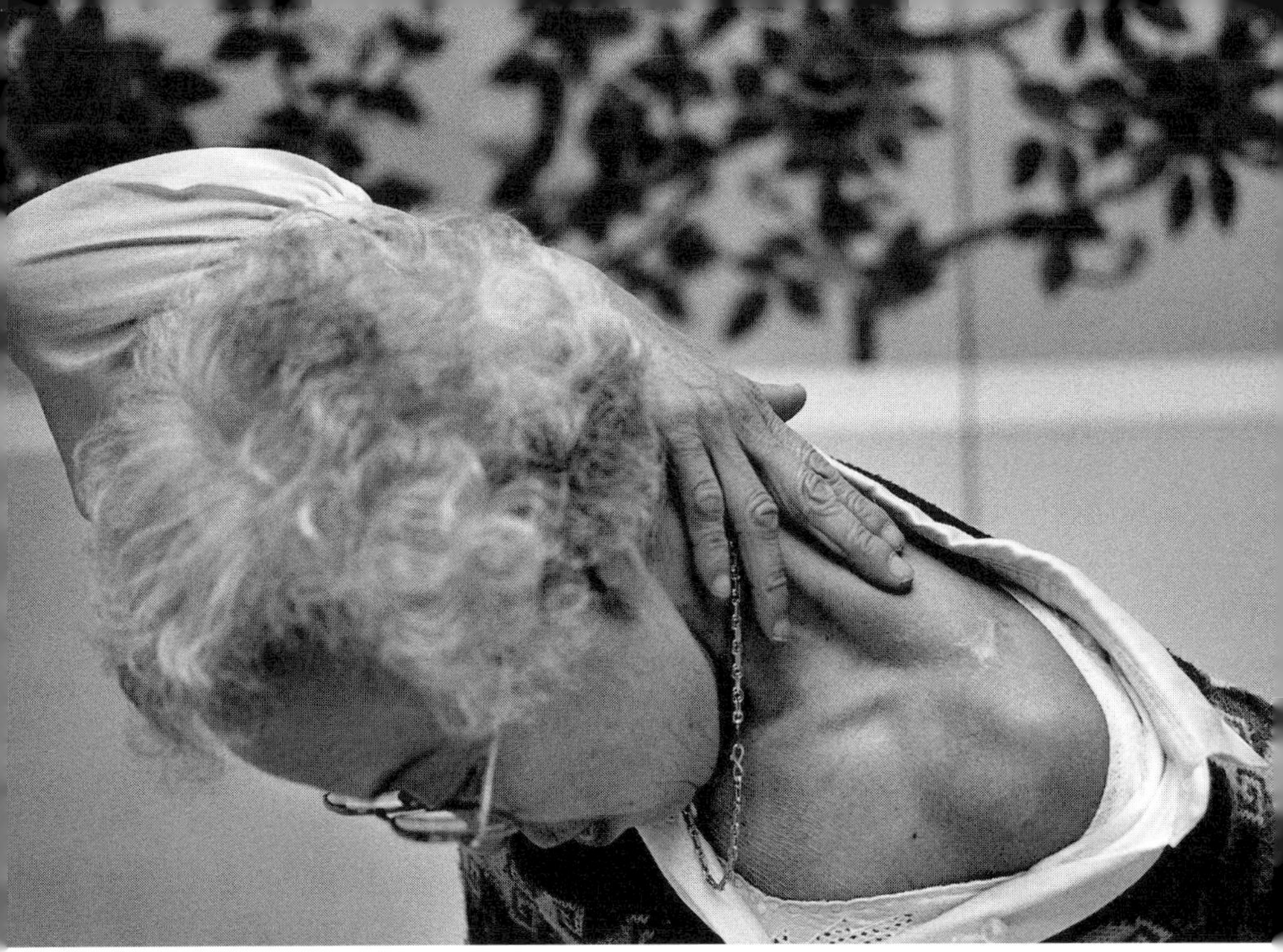
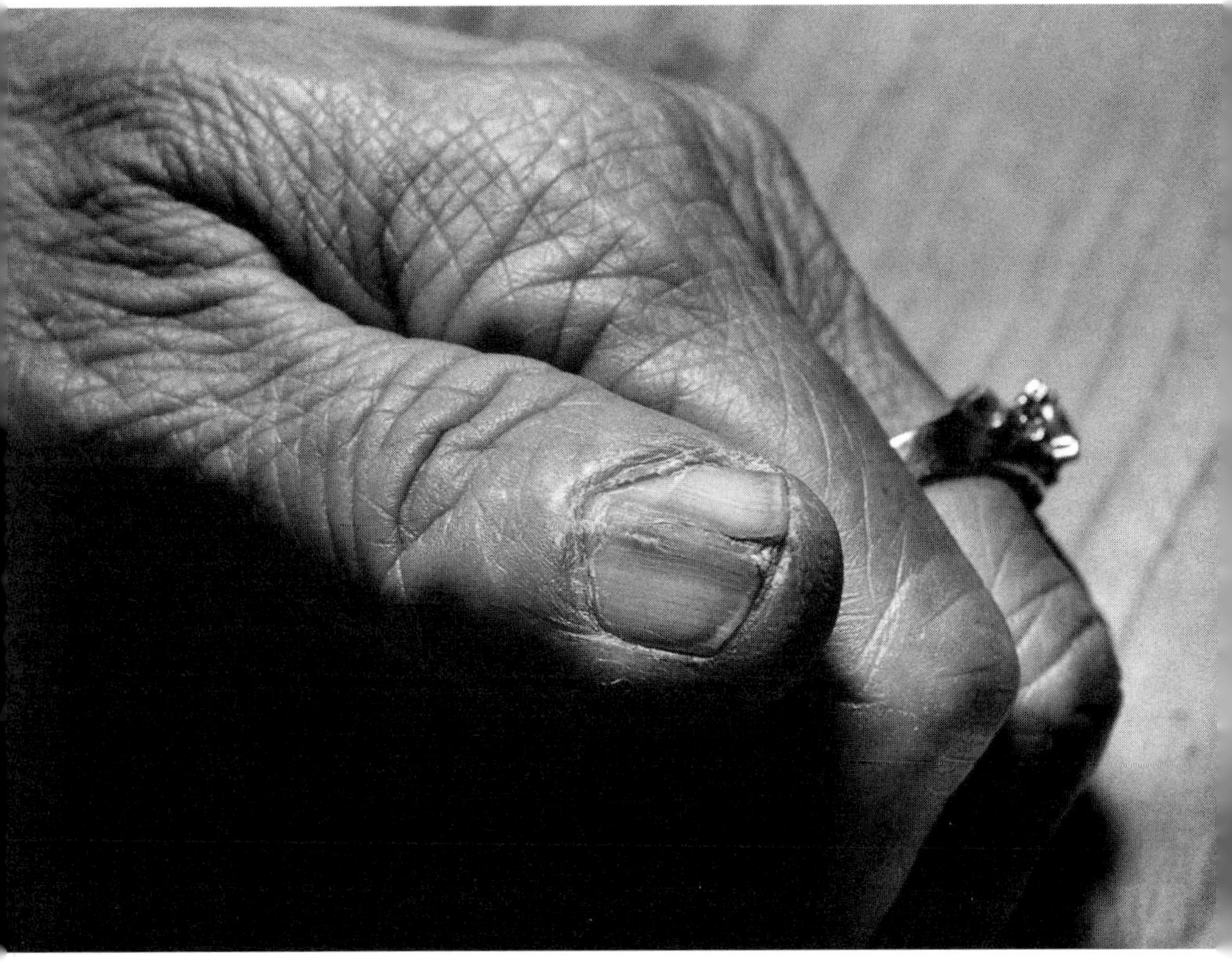

65　刺繍で作った伝統的なデザインの朝鮮地図（右）と、アサガオを並べた日本の地図。

▲ソウル市のタプコル公園には、3・1独立運動を描いたレリーフが並ぶ。闘いの先頭に立って捕らえられ処刑された柳寛順（ユ・グァンスン）の前で。

◀韓国人の性奴隷被害女性9人と元軍人・軍属らは、日本政府に対する裁判のためにたびたび来日した。

の戦後責任をハッキリさせる会

くれないのです。

翌日に大尉が来ました。ここの「所長」なのを後で知りました。私の傷を見ていきさつを聞き、「かわいそうだ、あまり心配するな」と慰めてくれて出て行ったんです。そしたら兵隊が、包帯や赤チン、塗り薬や内服薬を持って来ました。

ここにいた女たちは私よりも3～4歳年上だったので、私はみんなを「姉さん、姉さん」と呼びました。その「姉さん」たちの所に兵隊たちが次々と出入りするので、なぜなのかと聞きました。それで、ここは「慰安所」というものだと知ったんです。

「所長」は2～3日おきに干パンなどを持って来ました。この「所長」が私の最初の相手となりました。対馬出身の「高《たか》」という姓の人でした。

部隊のまわりは野菜畑で、点々と民家がありました。この部隊は、他の部隊が移動するための中継地になっていて、ここに勤務しているのは150人くらいでした。

建物は10棟以下でしたが、その一つが「慰安所」になっていて、トタンを貼ったカマボコのような丸い屋根でした。その建物を半分に仕切って、一方には「慰安婦」、反対側には兵隊がいました。入口の上には「慰安婦室」と書かれた小さな木の板が掛かっていました。

建物の中は、真ん中に土のままの通路があって、その両側に畳敷きの2畳半の部屋が並んでいました。建物の隅にある一つの部屋だけは、熱い湯が出るようになっていました。ここで、兵隊が一人終わるたびに塩水で陰部を洗ったんです。洗濯と風呂もここでしました。

私は「7番」という番号を付けられ、名前ではなくその番号で呼ばれました。女たちの数は、私が連れて行かれた時には17～18人でしたが、最後は定員いっぱいの27人になりました。

私は班長をさせられたので、兵隊の来ない朝の時間に女たちを集め、たらいに塩水を入れて陰部を洗わせました。梅毒などの性病があると水が濁るんです。女たちのほとんどが性病にかかっていました。将校とここの部隊の兵隊はコンドームを使いましたが、移動で来た兵隊たちは使わなかったんです。「六〇六号」[*6]などをもらって来て、みんなに私が注射を打ってあげました。

私たちを医者が検査するようなことはありませんでした。他の部隊では行われていることを、他から来た女に教えられたので「高」に聞いてみました。そしたら、「この部隊には慰安婦がいないことになっているのに、置くように自然になってしまった。そのため軍医がいない」と言うのです。「お前たちは慰安婦という扱いではなくて軍属だ」と言われたこともあります。

たいていの女は性病にかかっていたので、兵隊があまりしつこいと痛かったんです。それで拒むと、兵隊は怒って殴ったり蹴ったりしました。ひどい場合には、女の陰部を銃で撃ってそのままトラックで行ってしまった、ということもありました。移動で来た兵隊は、部屋の中まで銃を持って来ていたんです。また、銃剣で女の乳房を切った兵隊もいました。女にはまだ息があったのですが、兵隊は部屋のカーテンをちぎって女を包み、どこかへ連れて行ってしまったんです。

私はここに1年半いましたが、私が連れれて行かれて7～8カ月した時に「高」は転勤して行きました。その時に「高」は、故郷が同じ「鈴木」という憲兵大尉に、私の面倒をみて欲しいと頼んだそうです。

この部隊内で私が相手をするのは所長だけでした。きれいな女たちは将校たちに囲われて生活したんですが、移動して来た兵隊を1日に20～30人、多い時には40人を受け持たなければなりませんでした。兵隊たちは午前11～12時にやって来て、午後の3～5時が最も多かったです。列を作って順番を待っている兵隊の中には、室内の兵隊に「早くしろ！」と、銃で壁をつついて催促する者もいたほどです。

105
105

1992年4月21日に、沈美子さんを初めて取材。▶
何とか撮影はさせてくれたが、表情は厳しい。

私たちがトラックに乗せられて、外の部隊に行って兵隊たちの相手をしたこともあります。小さな船に30～40分乗って沖の軍艦に行き、その中で海軍の兵隊たちの相手をさせられることも多かったんです。

私が女たちに、「どうしてここに来ることになったのか」と聞いたことがあります。そしたら9割が「工場に就職させてあげる」とだまされて連れて来られ、1割が私と同じように学校で捕まえられた人でした。

「国語（日本語）を使わなかった」とか、「学校の神社に参拝しなかった」「『皇国臣民の誓い』を暗唱できなかった」ということで捕まった人もいました。男の先生と恋仲になったため、腹を立てた先生の妻に「慰安婦」にさせられた、という女学生もいました。出身地は、全羅道《チョンラド》の海辺からの人が多かったです。

女たちが集まれば「朝鮮の女ばかりがこんなみじめなことをさせられているのに、どうして日本の女は一人もいないのか」と不満を言い合っていました。陰では日本人のことを「ウェノム」[*7]「チョッパリ」[*8]と言ってたんです。

「鈴木」のジープに乗せられて、ぜんざい屋に行ったことがありました。羽織を着た日本の女が「♪逢いたさ見たさに怖さを忘れ、暗い夜道をただ一人……」[*9]と歌いながら通り過ぎて行きました。それを聞いて胸が痛くなったんです。「日本人じゃない私が、日本でたくさんの日本兵の相手をさせられて苦しんでいるのに、戦争している日本の女は平々凡々と暮らしている」と思ったからです。

「鈴木」が「流山」[*10]に転勤したので、一緒に行きました。ここへは車・船・車と乗り継いで12時間かかりました。ただ、ここには移ったのではなく、短い時には1週間、長いと2カ月という間隔で福岡と行ったり来たりしたんです。

「流山」はかなり大きな部隊で、建物は何十棟もありました。ここは補給基地で、地下に軍需物資を入れる相当広い貯蔵庫がありました。中には通風管が、5メートルおきに煙突のようにたくさん立っていました。

私は「鈴木」に連れられて、「流山」だけでなく神戸・大阪・和歌山の部隊にある「慰安所」にも、福岡から行ったり来たりしました。それらの部隊は、その都市の防衛部隊で、神戸では高射砲がカムフラージュしてあるのを見ました。

「慰安婦」をさせられた足掛け6年の間、日本人の「慰安婦」を見たことはありません。福岡には一時期3人の中国人がいましたが、あとはみんな朝鮮の女でした。その人数は、「流山」の女たちは移動をするので30~80人、和歌山は10~15人でした。

和歌山へ2回目に行った時に終戦になりました。「鈴木」は、「戦争が終わるかもしれないので、そうなったら福岡のぜんざい屋で待つように」と言っていました。そしたら、それから1週間もしないうちに終わったんです。1銭もお金がないので軍のトラックに乗せてもらい、何度も乗り換えて福岡に着きました。

福岡の部隊の前にはぜんざい屋があって、戦争中にはタクアンや白菜・大根などを部隊に納入していました。私たちは、食べきれなかったミカン・スルメ・干パンを持って行き、薬と交換してもらったこともありました。ここの主人の金さんは「鈴木」と親しかったのです。福岡に着いた私は、ここに数日の間、居候させてもらいました。

工場を回って見つけた仕事は、運動靴の裏にゴムを貼るというものでした。だけど条件は、「賃金なしで寝て食べるだけ」というものです。ぜんざい屋の金さんからの連絡によって、ここで働いて3~4カ月した時に「鈴木」がやって来ました。私は性病にかかっていたので、そのことを話すと「鈴木」は30円をくれたんです。これは、私が日本で初めて手にしたお金でした。これで「六〇六号」を買いました。

その工場には私だけでなく、「慰安婦」だった朝鮮の女がたくさんいました。女たちは、部隊にいる時は「六〇六号」などで性病がひどくなるのを抑《おさ》えていたんですが、工場で働くようになってからは血や膿《うみ》を出していました。女たちは、ウサギの食べる草が症状を抑えると聞いて、その草を食べたり汁を塗るために、朝早くから草摘みに行きました。

それでも痒《かゆ》くて掻いているのを、工場の飯場の女の人に見つかってしまいました。そしたら、工場の日本人の女たちが「慰安婦出身の女とは一緒に働けない」と言い出したために、私たちは追い出されてしまいました。この工場で2年近く、次のシルク工場で4年間ただ働きをしました。

「戸籍も何とかするから韓国へ帰らないように」と言って、「鈴木」は小屋を買ってくれました。「帰りたいので小屋よりもお金が欲しい」と私は言ったのですが、「今は朝鮮戦争で帰れない」とのことだったのであきらめたんです。

だけど、「私は韓国人だから韓国で死ぬのは当然だ」と思い、その小屋を420円で売ってしまいました。その金と自分で貯めた金で、二つの家族と一緒に闇船（密航船）に乗りました。1300円も払ったんです。下関を出航してから五日間もかかって、釜山《プサン》に帰って来ました。私は足掛け13年も日本にいたんですよ。

若い16歳の娘の、青春とか夢とか憧れなどが、このようにして引き裂かれてしまったんです。今でも拷問の後遺症だけでなく、梅毒のために皮膚が痒《かゆ》いです。それに、日本から帰る前に手術して子宮を取り出してしまいました。（朝鮮半島北側にある）故郷の家族たちがどうなったのかもまったく分かりません。

私は「慰安婦」だったことを恥だとは思っていません。そうさせた人が悪いのであって、私が悪いのではないからです。私は表に出て体験を語っていますが、数十万という「慰安婦」だった人たちの多くにはできません。

日本は、私たちに悪いことをしたと良心をもって謝罪して欲しいのです。また、踏みにじられた私たちに「謝罪金」として補償すべきです。お金は天国に持っていけないので、早くして欲しいのです。そして日本の若い人たちに、日本軍によって監禁され暴行された私たちについて教科書で教えてください。

「慰安婦」だった女たちが集まって「無窮花姉妹会」をつくりました。子どもをつくれず身寄りもない自分たちが、いくらもない余生を姉妹として生きていこうという思いからです。

（取材：1992年4月21日／同年5月8日／同年6月1日／同年9月26日／同年10月1日／1993年9月24日／1994年7月6日／1995年8月16日／1996年2月28日／同年11月5日／1997年3月26日／1998年1月25日／同年9月29日／1999年6月14日・2001年4月5日／同年11月21日）

＊1　高麗・李朝時代に官僚を出すことができた最も上の支配階級のこと。
＊2　高句麗（コグリョ）・百済（ペクチェ）・新羅（シルラ）の三国時代から着られるようになった朝鮮民族の伝統衣装で、女性用のチマ・チョゴリ、男性用のパジ・チョゴリなどがある。
＊3　朝鮮人を、天皇が統治する国の忠実な国民にするため1937年10月に「朝鮮総督府」が制定した文章。児童用は「私共は、大日本帝国の臣民であります。私共は、心を合わせて天皇陛下に忠義を尽します。私共は、忍苦鍛錬して立派な強い国民となります」。

＊4　天皇への忠誠を誓うために、皇居に向かって拝むこと。
＊5　「奉安殿」のこと。天皇・皇后の写真と「教育勅語」が納められていた。空襲などの際に、それらを守ろうとして死亡した校長もいた。
＊6　1910年に開発された梅毒治療薬のこと。「サルバルサン」の名で販売された。
＊7　日本人を軽蔑した呼び方で、日本人野郎といった意味。
＊8　「豚の足」と言う意味で、日本人を軽蔑した呼び方。日本人が履く足袋のつま先が分かれているようすになぞらえたもの。
＊9　1922年に発表された「籠の鳥」（作詞：千野かほる、作曲：鳥取春陽）。
＊10　千葉県東葛飾郡流山町に、敷地面積約12万平方メートルの「陸軍糧秣本廠流山出張所」が置かれた。陸軍で使う食糧や軍馬の飼料などを保管・供給した。

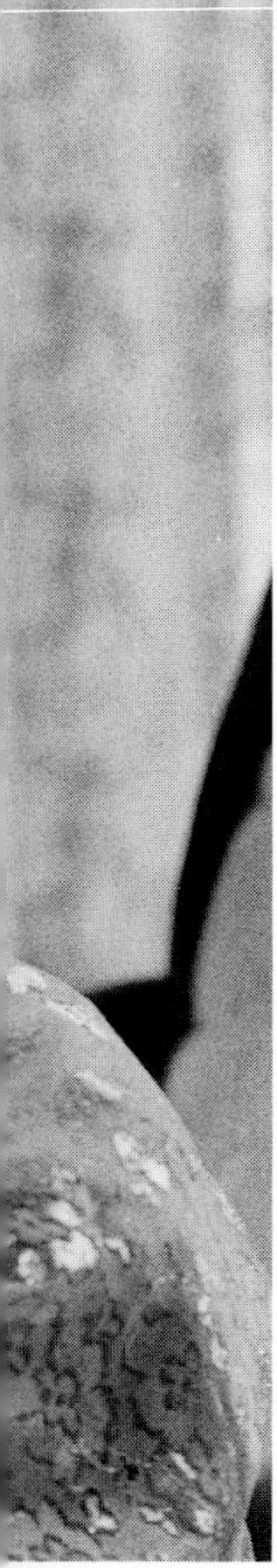

朝鮮と中国の女性150人を並べ首切りを始めたんです。

金《キム》 大《デ》日《イル》
Kim Daeir

1916年11月５日生まれ
朝鮮民主主義人民共和国
黄海北道開城市で生活
2005年死亡

私の故郷は黄海道《ファンヘド》の沙里院《サリウォン》です。家はあまりにも貧しく、私は数え年で12歳の時、わずかな米と引き換えに、お手伝いさんとして金持ちの家に連れて行かれました。その後、日本人の経営する紡績工場に売られたんです。

１９３２年のある日、「福田」という日本人に「食べ物に困らない所に連れて行ってあげる」と言われました。汽車に乗せられて釜山《プサン》港に着くと、そこには朝鮮人女性が20人くらいいました。私

は、どこに行くかも知らずに船に乗せられたんです。
下関で船から降りると、「お前は今から朝鮮人ではないし、朝鮮語を使ってはいけない。名前はシズエにする」と「福田」は私に言いました。そして、連れて行かれた所は大阪の病院でした。
私は、ここで雑役をしました。血で汚れた包帯・ガーゼや大小便で汚れた患者の衣類の洗濯など、人の嫌がる仕事ばかりをやらされたんです。
そして、18歳になった正月のことです。それまで会ったことすらなかった院長が、私の部屋に突然入って来てナイフを突きつけたんです。そして「シズエ、俺の言うことを聞かないと死ぬぞ！」と言いながら、私の口をふさいで襲いかかってきました。

そのことからしばらくたったある日、「お前はこの病院に2年間も奉公したから、もっと良いところに連れて行ってあげよう」と院長は言い、見知らぬ日本人に私を引き渡したんです。１９３４年のことです。

その男は東京に私を連れて行き、「従軍慰安婦」として軍隊に送り込みました。私を含めた30人くらいの朝鮮人女性が東京から釜山へ渡り、次に軍隊と一緒に「満州」[*1]に連れて行かれたんです。新京・哈爾濱《ハルピン》・斉斉哈爾《チチハル》・牡丹江を汽車で転々としました。兵隊は、途中で動けなくなってしまった女性を「えーい朝鮮人だ！」と言ってその場で刺し殺したんです。こうして数え切れない数の朝鮮の女性が殺されました。

そして私と数人の女性が選ばれて、船で連れて行かれたのが上海《シャンハイ》でした。そこには朝鮮人女性がたくさんいました。彼女たちは、「なぜこんなところに来たのか」と言って私を哀れんでくれました。

私が閉じ込められたのは軍隊が接収した中国人の民家で、その中は1畳くらいの広さに部屋が仕切られていました。この部屋の前には1〜40番までの番号が付けられていました。つまり40人の女性がいたんです。私の番号は12番でした。

部屋の中には、布団ではなく毛布が1枚あるだけでした。しかも、それを被ってゆっくり寝る暇などなかったんです。兵隊は、朝6時くらいから夜中の2〜3時まで部屋に入って来るので、寝る時間は1〜2時間しかありませんでした。1日40〜50人もの兵隊が部屋の前に列をつくって「早く早く！」とせかし、部屋に入るとすぐにのしかかってきたんです。私は、日本の着物を着て帯もしていたのですが、それをそのたびにつけたりするどころか起き上がる暇もありませんでした。兵隊

涙を流し、身振りを交え、倒れそうになる体を支えられながら体験を語った。

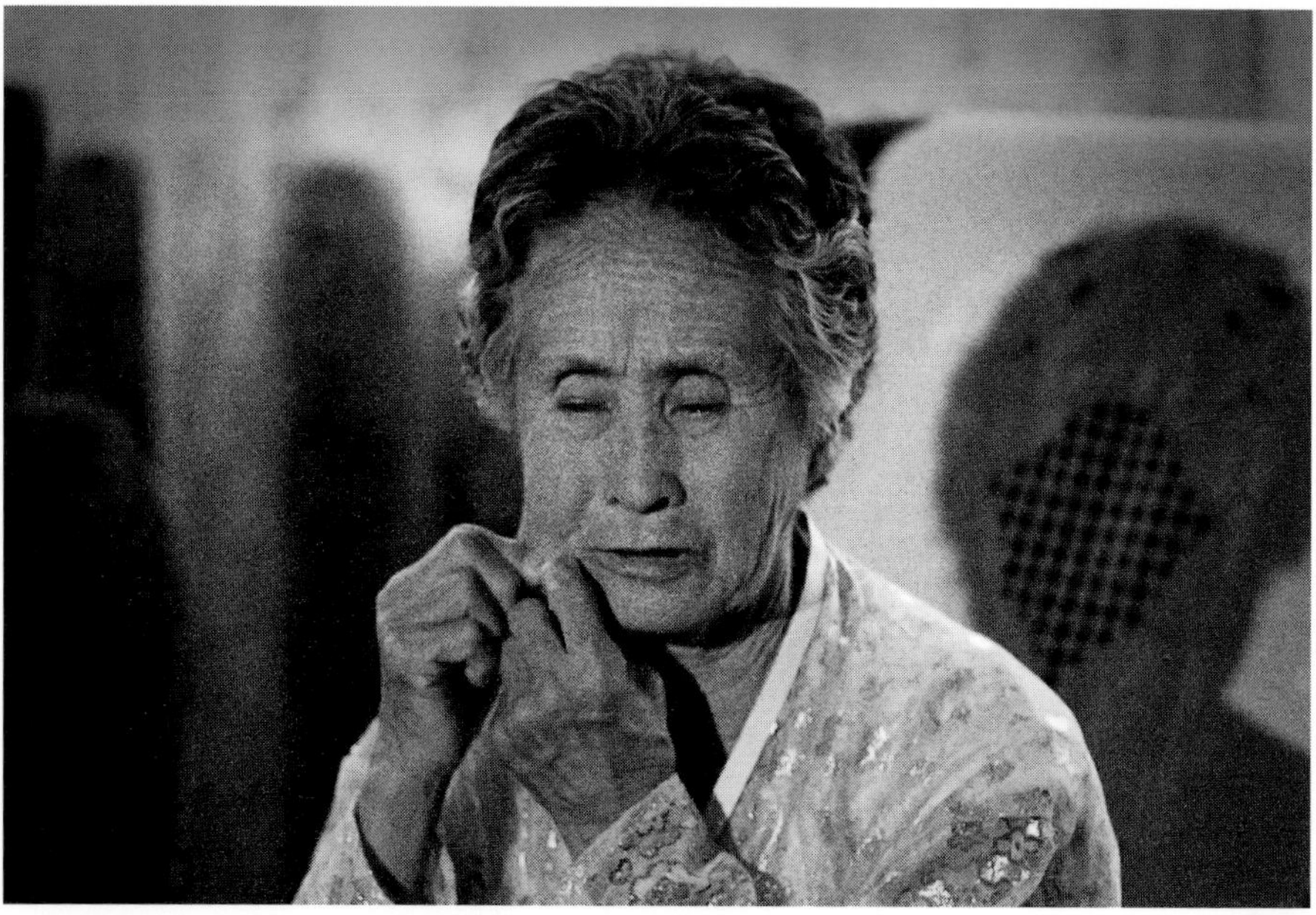

日本兵に頬を引っ張られた時のようすを再現した。

は、各自がコンドームを持って来ましたが、性病にかかった女性もたくさんいました。

最初の頃は、第12師団[*2]に連れ回されて上海・漢口・南京などを転々としました。私は12年間も「慰安婦」生活を強要されたのですが、その中でも九州の第6師団[*3]から受けた数々の暴行は決して忘れられません。彼らはお酒を飲んで酔っぱらい、ごぼう剣[*4]で壁や廊下を切りつけ、私にも突きつけながら「こら朝鮮ピー。俺の言うことを聞かないと殺すぞ！」と脅したんです。

ある時、私は50人もの相手をさせられたので、疲れ果てて倒れてしまいました。「ノーシン」という薬を飲まされたものの、意識はもうろうとしたままでした。そしたら兵隊は、火の付いた煙草を私の鼻や子宮に入れたんです。そればかりか将校が、「もう俺はあきたので今度はお前の番だ」と、シェパード犬に私を襲うようにけしかけたんです。さすがに私も恐ろしくて「助けてくれ！」と悲鳴を上げました。

私は、こんな生活はもうがまんができないと、2回も薬を飲んで自殺しようとしました。しかし大隊長の「アキカワ」が、「こいつはしっかりしているので使い道がある」と言って私を助けたんです。私には死を選ぶ自由もありませんでした。

そしてこんなこともありました。私の隣の部屋にいた女性が妊娠してしまったのですが、それにもかかわらず兵隊たちは性行為を強要した上に、胎児を無理やり出してごぼう剣で刺し殺しました。そしてその女性も殺してしまったんです。その兵隊は皆を集め、「ほら見てみろ。朝鮮人は死んだぞ」と言ったんです。中国人の首を切るのを見せられたこともあります。お前らも言うことを聞かないとこうなる、という見せしめのためでした。

終戦が近くなると兵隊たちは神経質になり、私たちが朝鮮語で話をすると「何を話していたんだ！」と蹴ったり殴ったりしました。そして「日本が戦争に負けたらお前たちを皆殺しにする」と言ったんです。

日本の敗戦が決定的になりました。すると兵隊たちは、私たち朝鮮人と中国人の女性150人ほどを2列に並ばせました。そして、小隊長が号令をかけて首切りを始めたんです。飛び散った血の雨で、私は意識を失って倒れてしまいました。気が付くと私は血みどろになって死体の中に埋まっていました。その血の海の中で助かったのは、私を含め三人だけでした。

やっと起き上がって、そこから2キロメートルくらい離れた中国人の家にたどり着きました。「私は朝鮮人です。助けてください」とそこの中国人に必死になって頼みました。家の主人は「お前を助けると私が殺される」と言ったものの、家の奥の部屋で5~6日間かくまってくれました。それだけでなく、お風呂に入れてくれて中国人の服までくれたんです。

それを着て朝鮮人の家を探し出し、3~4カ月の間、世話になりました。その家で、天皇が降伏した放送を8月15日のお昼に聞きました。いたる所で「朝鮮万歳!」という声がし、中国人が日本人を叩いていました。

私はどうしてもお父さんとお母さんに会いたくて、その家の朝鮮人に中国のお金500元を借りて9月頃に帰国しました。しかし戻ってみると、両親はすでに亡くなっていたんです。


あの頃のことを思い出すと、今でも頭に血がのぼり身震いするほど腹が立ちます。中国の大地には、虐殺された朝鮮の女性たちの血が染み込んでいます。私が、日本人からもらった物は病気だけです。子宮は目茶苦茶にされ、心臓は痛いし、大腸をやられたのでいつも下痢をしています。

日本人は、自分の娘や妻やお母さんがこのような体験をさせられたらどうしますか。私の12年間の苦労と、殺された女性たちについてよく考えるべきです。

1992年の6月。隣の家のお婆さんとテレビを見ていると、「日本の雑誌で、朝鮮人慰安婦はお金のために日本軍について行ったとしている」と放送したのです。私はそれを聞いて「何をこの野郎！」と思わず叫んでしまい、その家のお婆さんが「どうしたの」と聞きました。このことで、私はこうして名乗り出ることになったんです。だから私にとっては、お金が問題ではありません。

（取材：1992年8月12日）

＊1　中国東北部のこと。1931年、日本は「満州事変」を起こして満州全域を占領し、翌年にかいらい国家・「満州国」の建国を宣言した。

＊2　小倉で編成され、中国東北地方などに駐屯した。

＊3　熊本で編成され、中国東北地方などに駐屯した。

＊4　黒色塗装が施された日本軍の主力銃剣のこと。

空襲が激しくなっても「慰安所」には兵隊が並びました。

姜《カン》 順《ス》愛《ネ》
Kang Sunae
1927年12月15日生まれ
大韓民国京畿道富川市で生活
2005年4月19日死亡

お父さんは16歳の時、釜山《プサン》での橋梁建設の測量技師として働きました。それが終わると、東京の建設現場に連れて行かれました。一時、朝鮮に戻った時に結婚したそうです。

私は東京で生まれて3歳で朝鮮に戻りましたが、7歳の時に再び日本へ行きました。お父さんが京都のトンネル工事の現場主任となり、お母さんがその飯場の賄《まかな》い婦をするためでした。

ある日、「怠けている」として朝鮮人労働者が日本人にシャベルで頭を叩かれたんです。血を流して倒れている人を見てお父さんは怒り、叩いた男に頭から突進しました。このために、お父さん

1994年8月の「戦後補償国際フォーラム」において、国連の重大人権侵害被害に関する特別報告者であるファン・ボーベン教授らの前で体験を語った。

は投獄されてしまったんです。

そして、お父さんが釈放されて数カ月した時のことです。お母さんは約200人分の食事を作っていました。ところがある日、食事をすぐに出さなかったという理由で、日本人に左手の甲を刀で切られてしまいました。お父さんは、その日本人の背中に殴りかかったので再び投獄されたんです。

私が8歳の時のことです。その時10歳だったお姉さんは「奥村」という警察官の家で子守に雇うと言われて連れて行かれたのですが、それ以来、消息を絶ってしまったんです。

◀日本大使館前での抗議行動で、他の人からなだめられるほど感情を高ぶらせた。

11歳の時に、家族は故郷の馬山《マサン》に引き揚げて来ました。「処女供出[*1]」は一段と激しくなり、私は14歳の年の4月には、火葬場で約2週間隠れていたこともあります。結婚している女性は「供出」の対象外になるので、既婚女性がする「ピニョ」というかんざしをお母さんが作ってくれました。これで警察の目をごまかそうとしたんです。

当時、月一度の配給を新馬山の駅前で受けていましたが、日本人はその際に「君が代」を歌わせたんです。お祖母さんが歌えず、泣きながら手ぶらで帰って来たことがあります。

ある日、私はかんざしを付けてお母さんと麦のふすま[*2]を集めに、新馬山の桟橋にある精米所へ行きました。ふすまを集めていると、二人の軍人と一人の警察官に付き添われた村長の息子がやって来て、「配給をもらいに行ったほうが良い」と言うんです。警察官が私の手をつかんで、配給の事務所に連れて行きました。

私が担当者の前で「君が代」を歌うと、普段より約2合も多い米と、2足のゴム靴や缶詰が与えられたんです。しかし、これはおとりだったんです。この話が村中に広がったため、村人たちは隠していた娘を配給所に送りました。

配給を受け取ってから3日後、買い物から帰ると赤い腕章をした3人の軍人が待っていました。彼らは私に、すぐ表に出て来るよう言いました。それを聞いたお父さんは、飛び出して行って軍人の襟《えり》をつかみ「娘に手を出すならまず私を殺せ。連れて行かせないぞ！」と叫びました。お父さんは軍人に突き倒されたのですが、次に包丁をつかんで飛びかかろうとしたんです。

すると軍人たちは煙草を一箱渡し、「娘が大阪の会社に行けば、お金が稼げて技術も身につけられる。息子を学校に行かせることもできる」となだめたんです。私には、荷物をまとめて軍人について行くしか道は残されていませんでした。お父さんは家の中に引っ込み、お母さんは気を失って

아키히토

금반대, 피해
反對, 被害
社団法人

しまいました。お父さんはこの事件で、馬山の刑務所に拘留されたことを後で知りました。こうして馬山で14人の娘が捕えられたんです。

軍人は私たちを釜山駅前の「大東旅館」に連れて行きました。旅館には監視人が配置されていて、その中にはすでに約10人の娘がいました。この旅館にいる間に、その数は35人に増えました。毎朝5時半に起床し、庭で体操を30分間して「君が代」を歌うのが日課でした。船酔いをしない方法も教えられました。

出発の前日、50銭札が渡されました。そして「会いたい人の名前を紙に書くように」と言われたのでお母さんの名前を書いたところ、翌朝10時にお父さんがやって来ました。お父さんはひざまずいて「順愛《スネ》よ、愛しい我が子よ」と言って泣きました。

その日の夜7時頃、船で下関に向かいました。そこから汽車に乗り換え、着いたのは広島でした。大きな講堂には30人の娘がすでにおり、朝鮮の北の方から来た有名なキーセン[*3]たちでした。年は20～30歳で、すでに「満州」に連れて行かれて数年過ごしたとのことでした。

私たち全員に名前がつけられ、私は「マイ子」でした。ここで日本語の練習をしたり、キーセンから歌を教わりました。それ以外に、果樹園でミカンやイチジクをもいで箱に詰める仕事をしました。

こうして5～6カ月した頃、服・下着・運動靴や粉おしろいなどが配られ、「もうすぐ家に帰るので心の準備をするように」と言われました。50銭が支給されたので、私たちはコチュジャン（唐辛子ミソ）・トウガラシやニンニクを買って来て集まり、帰国を喜びました。

それから五日たって、桟橋に連れて行かれました。船の中で慶尚北道《キョンサンプクド》出身のイム・チャンスとヤン・オンチョルという朝鮮人の軍人に会いました。二人とも17歳で軍隊に志願して、すでに「満州」で兵役に服していました。船の名は「水戸丸[*4]」で、「南洋諸島に向かっている」と彼らは教えてくれたんです。

出航して三日目の朝、突然、炎を感じてドーンという大きな音がしました。サイレンが鳴り、船は沈没し始めたんです。海の中に飛び込むように言われましたが、あまりにも怖くてできません。すると軍人が、刀をかざして「飛び込め！」と脅したので飛び込みました。

私の側にいた娘は、海の底へ沈んで行きました。私は大きな波にのまれて左膝の関節を折りましたが、幸運にもヤン・オンチョルに助けられました。午後4～5時頃、3機の飛行機が上空に来たのに続き海軍の救助隊がやって来ました。私たちは33人が無事でしたが、二人の友だちが行方不明になったんです。

パラオには、「大阪丸[*5]」という大きな船で着きました。広島を出てから1カ月と3日の航海でした。着いてすぐにトラックで「ホンド町」に連れて行かれました。先に到着していた女性たちが出迎えてくれましたが、そこには「陸軍慰安所」の看板が掛かっていたんです。

医者が一人ひとりの身体検査をして、私を含めた若い10人が「慰安所」に配属されました。咸《ハム》鏡《ギョン》道《ド》出身の朝鮮人女性がここを取り仕切っていて、私たちの振る舞いに少しでも間違いがあれば容赦なく叩きました。ここには沖縄の女性が10人いました。

「慰安所」の中は、玄関に続いて左右にそれぞれ3部屋があり、奥に将校用の7部屋がありまし

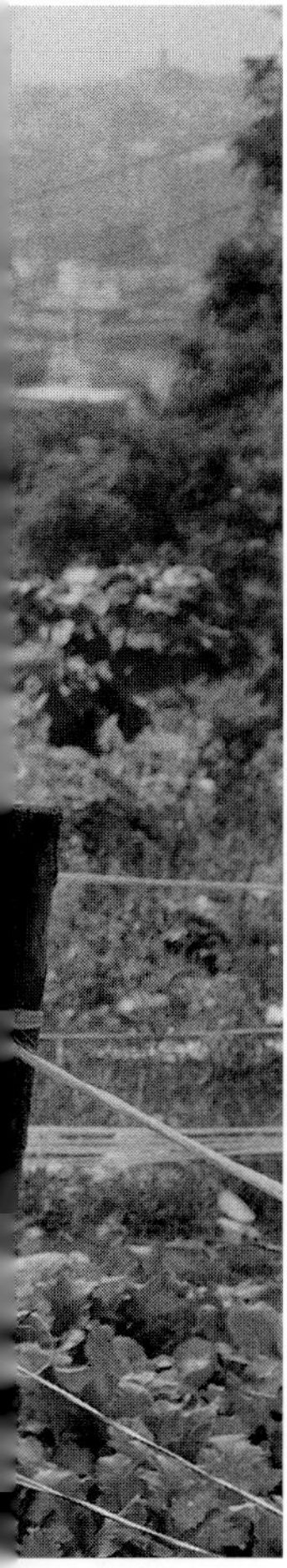

心に大きな傷を負いながら孤独に生活してきた被害女性たちは、互いに助け合いながら余生を過ごそうとした。

た。私の部屋はとても狭く、布団1枚を広げればいっぱいになるほどでした。

次の日から「慰安婦」としての生活が始まったんです。最初の日は13人の相手をさせられました。朝9時から夜9時まで兵士の相手で、その後は将校たちでした。将校はここで夜を過ごし、朝の5時か6時に帰って行きました。

兵士たちはやって来ると、まず受付でチケットを渡しました。それには本人の名前が書かれ、部隊の判が押してありました。

週に一度「ユロロ病院」で軍医の検診を受けました。性病感染予防の「六〇六号」を注射され、痛みがきつい時にはモルヒネ注射をされたりアスピリンが与えられたんです。コンドームは常備されていましたが、使わない男もいました。使うように頼んで、お腹を蹴られたこともありました。軍人たちは「慰安所」で、自分の好き放題をやっていました。ある軍人は、女性の乳房と性器を銃剣でえぐり取ったんです。

私を含めて若い女性10人ほどが選ばれ、ガスパン[*6]に送られました。米軍の空襲が激しくなって、一人の娘と二人の兵士が死にました。そのように追いつめられた状態になっても、防空壕の外に20のテントを張って「慰安所」とし、兵士たちが列を作って並んだのです。ここで1日20〜30人の相手をさせられました。

さらに戦争が激しくなったので、彼らはテントを山の中に移しました。私たちはそこで毎日40〜50人の相手をさせられたので、1日が終わる頃にはよく失神したほどです。ある女性が将校を刺しました。すると見せしめのために、私たち全員を集めて斬首刑に立ち会わせたんです。

元の場所へ戻ってから数カ月後に、そこでも空襲が始まりました。防空壕へ逃げる時に爆弾の破片が刺さり、両肩の下に傷を負って臀部の肉がえぐり取られました。この時の、みにくい痕が今でも残っています。

食べる物も底をついていました。こんなになっても「慰安婦」として働かされました。しばらくして「原子爆弾が広島に投下された」と聞かされたんです。

9月中旬、米軍が島に上陸して来て、私たちを集めて調べました。朝鮮・日本・沖縄と出身地別に分けて、一人ひとりの写真を撮りました。そして私たちは、米軍の用意した船でやっと帰国することができたんです。船が馬山に着いたのは、旧暦の12月31日（1946年2月16日）でした。

帰国してみると、私のすぐ下の弟は亡くなっていました。お母さんと一緒に飲み水をもらいに行った時、日本人警察官の「岩本」に「どけ！」と刀の鞘で殴られたため、凍った地面に転倒したからとのことです。

33歳で年下の男性と出会って結婚し、助け合いながら暮らしました。ですが、夫は1992年3月に亡くなりました。現在、生活のために花を栽培していますが、視力が弱って働き続けるのが困難になりました。治療費は私にとって大変な負担です。

私は、女として人並みの生活を送ることができないほど、心身共に傷つけられました。言いようのない屈辱と迫害を受けてきた人間として、私の過去を明らかにすることでこの問題の解決に尽くそうと心に決めたんです。


（取材：1992年12月9日／1994年8月24日／1996年2月28日）

＊1　未婚の女性が、「慰安所」などへ強制的に連行されること。アジア太平洋戦争の末期の朝鮮では、親は不本意であっても娘に結婚をさせるなどして「供出」を逃れた。

＊２　小麦を精白する際に副産物として出る皮などの粉。
＊３　朝鮮の伝統的な歌や踊りを披露する芸妓。
＊４　陸軍によって徴用された日本郵船の７０６１総トンの輸送船。１９４４年4月16日にインドネシアのオビ島南方で、米国海軍の潜水艦「パドル」による魚雷攻撃を受けて沈没。船員31人と兵士２８９人の死亡しか記録がない。
＊５　パラオへの輸送船団として二度にわたり使われた「日本郵船」の３７４０総トンの船。
＊６　パラオ諸島で最大の島のバベルダオブ島の西側に位置する。日本の統治時代には「パラオ本島」と呼ばれた。

反抗した裸の女は性器を拳銃で撃たれて殺されました。

黄《ファン》 錦周《クムジュ》
Hwang Kumju
1922年8月15日生まれ
大韓民国ソウル市で生活
2013年1月3日死亡

私は忠清南《チュンチョンナム》道《ド》扶餘《プヨ》で生まれました。お父さんは明治大学を卒業して、日本で司法の代書を仕事にしていました。ところが病気になってしまい、私が10歳の時に朝鮮へ帰って来ました。病気は横《よこ》根《ね》*1だったので、治療のために家の金を全部使ってしまいました。

私は5歳の時に、ソウル*2の知り合いのおばさんに引き取られていました。ですが12歳の時に、お父さんの薬を買うために１００円のお金をもらって、ソウルの金持ちの家の養子になりました。

養父の家族は咸興《ハムン》にいました。だけど養父には、商売をしていたソウルに妾がいたのです。私はそこに2年間いましたが、あまりにも苦労したので咸興の本妻の家に移ることになりました。そこには娘3人と息子二人がいました。娘は19歳・15歳・8歳でした。

この家にも、面長から工場の「募集」話が来ました。これを断ると日本人に殴られたりいろんな

黄さんは、半世紀もの間がまんして来た日本への怒りと恨みを吐き出すように語った。

黄さんと初めて会ったのは、ソウル市竜山駅前の「遺族会」事務所だった。

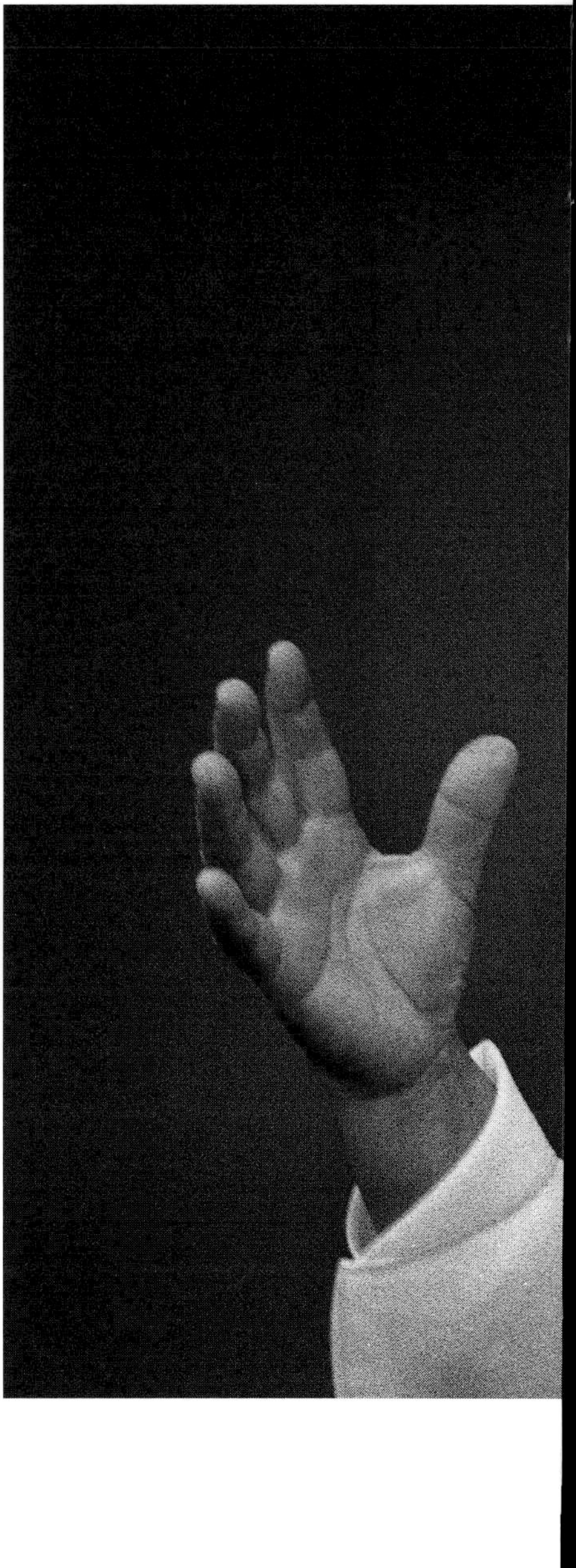

◀日本兵に受けた暴行で膝が痛んだ。それを和らげるための磁石をいつも貼っていた 。

ことをされたんです。だから、この家からも誰か一人は行かなくてはなりませんでした。一番上の娘は日本の大学に合格していたし、私は養子だったので「私が行く」って言ったんです。

私だけでなく、集められた誰もが工場へ働きに行くものと思っていました。みんな田舎の娘ばかりだったので、工場へ金を稼ぎに行くというのが嬉しかったんです。私は清潔な白いチョゴリと、黒のチマを着て行きました。これはシンガポールが「陥落」した年（1942年）の4月のことです。

咸興の駅までは朝鮮人が引率しました。この駅で大勢の女たちが乗せられたのは軍の列車でした。黒いカーテンで窓から外が見えないようになっていて、入口には憲兵がいました。

私と同じ車両には20～30人の若い女が乗りました。私たちは犬のように扱われ、兵隊の顔を見ただけで「何を見ているのだ！」と言われたんです。その日と次の日は1日中汽車に乗っていました。だまされたのが分かったのは、途中の駅のスピーカーで「シンキョウ（新京、現在の長春）、シンキョウ」って聞いたからです。

吉林駅で汽車を降り、次に乗ったのは黄色い幌がかけてある国防色のトラックでした。これに20～30人の女性が乗ったと思います。トラックの中には兵隊がいました。銃を持っていなかったら、私たちはその時に逃げたでしょう。

トラックは、夜になって陸軍の部隊に着きました。「日の丸」という名前の部隊です。私たちは、そこにあった小屋に入れられました。それは平屋で、中は狭く仕切ってあって木のベッドが置かれ、その上には毛布が何枚かありました。

憲兵が見張っていたので、逃げることはできませんでした。便所に行く時は建物の外に出られましたので、「お母さんもこの空を見ているのかなあ」と、ボーッと空を見ていたこともあります。だけど、これだけでも兵隊に「逃げる気か」と怒られたんです。

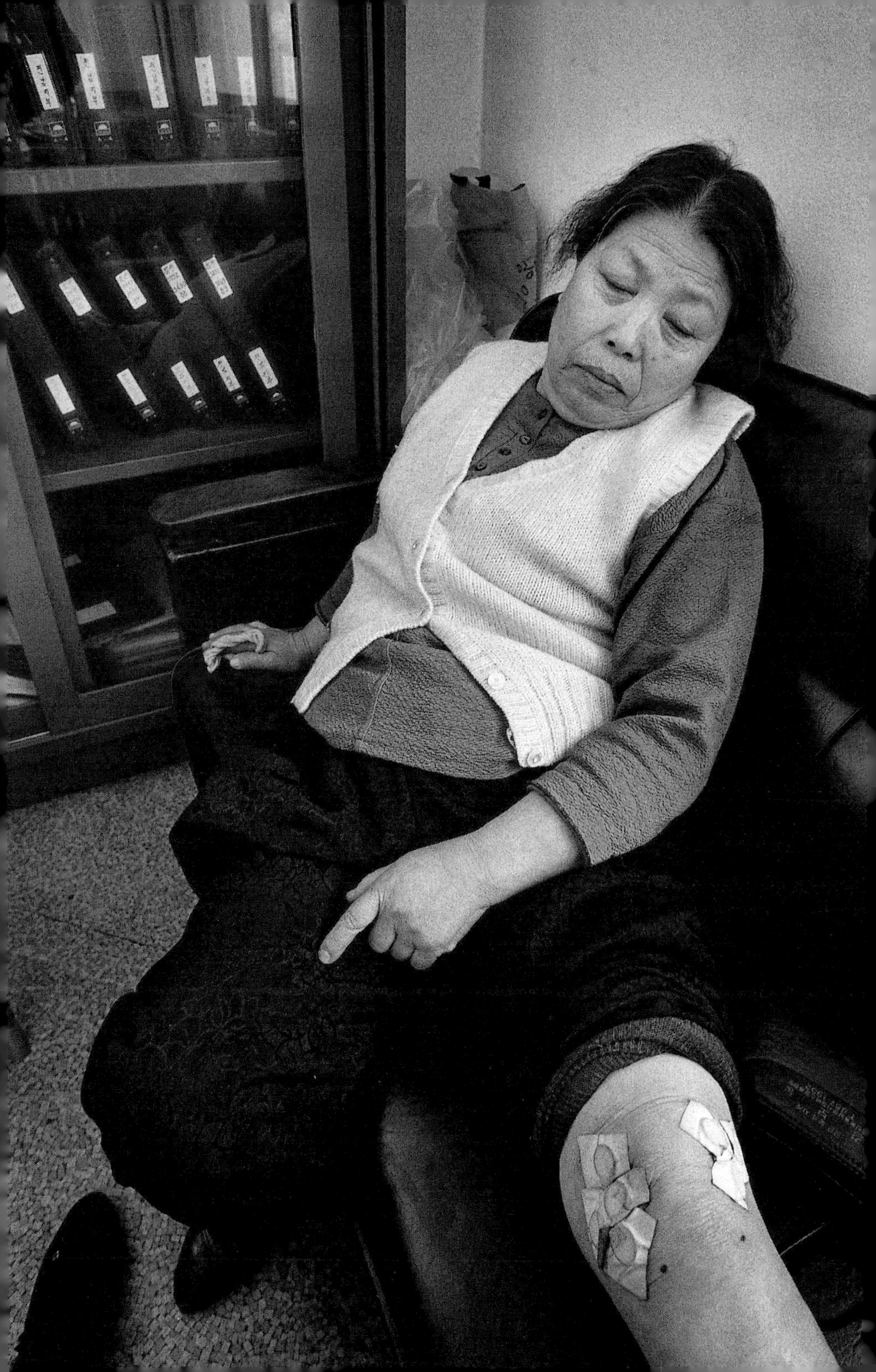

◀（上）初めてのインタビューでは、興奮してテープレコーダーを投げ飛ばした。
（下）全身で怒りを表しながら話をしているうちに、聴衆の前まで進んでしまっていた。

着いた時には、これから自分たちに何が起きるのか知りませんでした。その日は何事もなく寝ましたが、次の日から兵隊の相手をさせられたんです。「結婚前に男の人と関係するようなことになったら死ななければならない」と私は思っていました。だから、許して欲しいとお願いしたんですが、兵隊は私のパンツをナイフで切ったんです。私は気を失いました。

兵隊は、朝であろうと夜であろうと次々とやって来ました。1日に20人は来たんです。私は、少しでも兵隊の相手をさせられないようにと、洗濯・掃除などを自分から率先してやりました。なにしろ、兵隊から言われたとおりにしないと、殴られたり蹴られたりするんです。生理の時には生理帯がいるのにくれません。そのため布を盗んできて使ったんですが、そんなことでも殴られました。病気になったらご飯ももらえなくなるんです。

私は、兵隊からうつされて性病にかかっていました。そしたら、性交すると病気がうつるからと、「性器をなめろ」「精液を飲め」と要求する兵隊もいました。私は男の性器なんか見たこともない娘だったので、「そんなことをするくらいならクソを食った方がましだ」と言ったんです。今でも、精液を思い出して牛乳が飲めません。

自殺した女の人もいました。私たちみんなが自殺してしまうかもしれないので、自殺者が出ても兵隊は何も教えてくれませんでした。それに、自殺しようとしている仲間を見つけたら、兵隊に知らせないと自分たちがひどい目にあうのです。私たちは、「自殺しないように」とお互いに言い合っていましたが、それでも死ぬ人がいました。アヘンを盗んで来て飲んだ人がいました。これをたくさん飲むと血を吐いて死にます。紐さえあれば首を吊ろうとする人もいました。そのため紐を隠したりもしましたが、便所の中でゲートル*3を使って首を吊った人もいたんです。

私より少し年上だった女の人は、将校と激しいけんかをしました。殴られても何度も食らいつい

て行き、失神しても気がついたらまた反抗したんです。そしたら、その裸の女は性器を拳銃で撃たれて殺されたんです。こんなひどいことを日本人がしたのを知っていますか。

そして、「慰安婦」をさせられてから6カ月ほどした時のことです。私は大佐くらいの軍人に、「私たちは工場へ行くと聞いたので、兵隊の相手をするために来ているのではない。こんなことをさせるお前らは人間か」と言って相手の顔に唾をかけたんです。そしたらその軍人は、「国の命令であり天皇の命令である。言いたいことがあるなら天皇に言え！」と言って私を殴ったんです。私は三日間も気を失っていました。気がついても体が動かないほどの大けがをしたんです。そのけがの痕は今でも痛みます。

この吉林省には8カ月間ほどいて、船で別のところへ連れて行かれました。私はそこはサハリン*4だと思います。トラックに数時間ゆられて、日本軍の部隊に着きました。陸軍とは違う色の軍服を着た部隊だったので海軍だと思います。吉林省よりも寒くて雪も多かったです。ここに2〜3カ月間いて吉林省に戻りました。

そこで解放を迎えたんです。兵隊たちが逃げて行くのでおかしいと思い、「みんなどこへ行ったのか」と兵隊に聞きました。すると「昨日の12時に天皇が手を上げた。将校は天皇の放送がある前にみんな行ってしまった」と言うのです。

私がその部隊から出ようとした時に、槍を持った中国人たちが入って来ました。「私は朝鮮人だ！」と言ったら「朝鮮語を話してみろ」と言うのです。そのようにすると「早く行きなさい」と言われました。拾った軍服を着て大きな軍靴を履き、歩き始めました。

「報国隊」「徴用」や軍人に行ったたくさんの人の、朝鮮へ帰るための行列と出会い、私は一緒に歩きました。日本人の女性もいましたし、子どもをおぶっている人もいました。みんなは、荷物が重くなると持っている包みを次々と捨てるので、私はそれを拾って服を着ました。靴を何回も替えて何百里も歩いたんです。私は、2カ月間歩き続けて命からがら帰って来たのですよ。

ソウルに帰っても、養子でいたところには恥ずかしくて戻れませんでした。それからは、病気をしながらも食堂で長く働き、少しずつ貯めたお金で小さな食堂を始めました。子どもを生むことができなくなってしまったので、人が捨てた子ども4人を育てました。

日本人が私たちにしたことは、あまりにもひどいです。自分の娘ならば「慰安婦」にできなかったでしょう。昭和天皇には言いたいことがたくさんありました。部隊では「天皇の命令だ」と毎日のように聞かされていたからです。

私たちはまだ死んでいません。だけど、明日か明後日には土にかえるかもしれないほど歳をとってしまいました。この恨《ハン》を、死ぬ前に晴らそうと私は思っています。私たちが生きているうちに、日本は事実を調査して早く補償をするべきです。韓国と日本の若者同士が仲良くするためにも、過去のことを早く解決してください。

（取材：1992年2月25日／同年6月1日）

＊1　梅毒などの性病が原因で、両足のリンパ節が炎症によって腫れる病。

＊2　1910年の「韓国併合」から1945年の日本敗戦までの期間は「京城（けいじょう）」と呼ばれていた。

＊3　ズボンの裾を押さえて歩きやすくするために巻く細長い布のこと。

＊4　北海道の北方に位置する面積8万7100平方メートルの島。日本は、アジア太平洋戦争での敗戦までは、千島列島とともに樺太の北緯50度線より南側を支配していた。約6万人の朝鮮人がここの炭鉱などへ連行され、敗戦後も約2万3千人が置き去りにされた。拙著『樺太棄民』（ほるぷ出版）に詳しい。

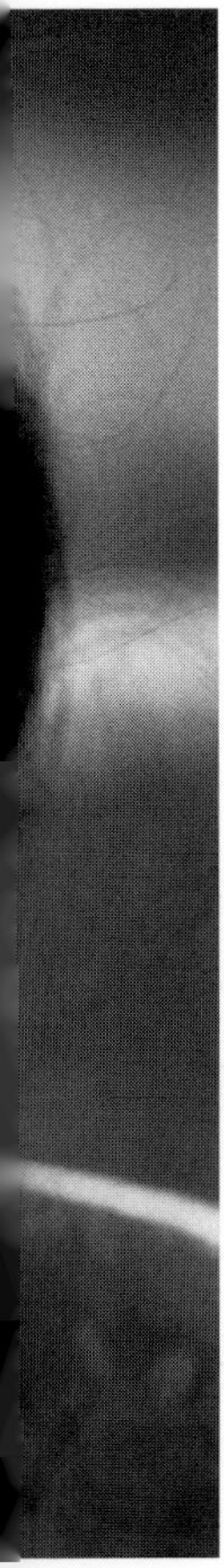

殺された「慰安婦」たちは地下室へ捨てられました。

郭《カク》 金《クム》女《ニョ》

Kwak Kumnyo

1924年1月8日生まれ
朝鮮民主主義人民共和国
咸鏡南道端川市で生活
2007年6月7日死亡

私の故郷は、忠清南道天安《チュンチョンナムドチョナン》です。兄が一人、姉二人に妹一人の5人兄弟でした。私が8歳の時お父さんは亡くなり、お母さんが地主の家で働きました。炊事をしたり、衣類を縫ったりという仕事です。もちろん、子どもたちは学校には行けませんでした。

私は、全羅南道順天《チョンラナムドスンチョン》の日本人の家で子守りとして働いた後、16歳の時に全羅南道光州《クァンジュ》の製糸工場[*1]へ働きに行きました。ここは日本人の経営でした。カイコから糸を取るのが仕事で、お腹が空いている時にマユの中のサナギを食べたこともあります。

ここで1年間働いた時、呼ばれて事務所に行くと刑事らしき日本人の男がいました。私が刑事だと思っている理由は、後に列車の中で拳銃を持っているのを見たからです。

「パンや飴を作るソウルの食品工場で働くと、お金が貯まるしお腹がいっぱいになるので行くように」と言われたんです。私を含めた娘たちの名簿が、会社から刑事に渡されました。

ソウルまで汽車で行き、旅館に泊まりました。その翌日になると、「牡《ぼ》丹江《たんこう》へ行こう」と刑事が言い出したんです。「なぜ中国に行くのか？　私は行かない！」と抗議したところ、「朝鮮は植民地な

◀（上）2003年春、体調を崩して「咸興市人民病院」へ入院。孫のチェ・ソンヒさんが付き添った。
（下）検査で膀胱がんが見つかった。担当の医師・看護師らと。

ので、どっちみちお前たちは死ぬのだ！」と言われ、列車に無理やり乗せられました。

そして翌々日の朝、牡丹江に着きました。駅の待合室に20分ほどいると、幌のついた軍のトラックがやって来ました。降りてきた憲兵に、「長谷川さん、20人連れて来ました」と刑事は言っていました。そのトラックに乗せられ、「満州」とソ連の国境地帯にある穆稜《もくりょう》[*2]という所に着きました。私たちは、憲兵隊が駐屯している3階建ての大きな建物に連れて行かれ、畳敷の部屋に鍵をかけて入れられました。出されたご飯も食べず、その夜はみんなで泣いていたんです。

翌日、医師と看護婦が私たちを診察しました。今考えれば、病気を兵隊にうつさないようにするためです。連れて来られた女性の一人は、顔がまっ黄色でした。そのため地下室に入れられてしまい、後に亡くなりました。

建物の中は仕切られていて、1~20番までの部屋があり、私は「1番」の部屋をあてがわれました。中は二人がようやく横になれるくらいの、2畳ほどの広さでした。大切にしている髪[*3]を短く切られ、着ていたチマ・チョゴリを浴衣に着替えさせられたんです。このチマ・チョゴリは母が作ってくれたものなので、くやしくて泣きました。私は「レイコ」という名前をつけられました。

部屋にいると、憲兵の将校が入ってきました。彼は刀を壁に立てかけてから服を脱ぎ、私にのしかかりました。その当時の私は何も知らない娘でしたから、その日本兵を虎よりも恐ろしく思いました。私は泣き叫んで、将校の手を噛んだのです。すると血を流した将校は、麻酔の注射を私にしました。1分も経たずに気を失った私は、将校に犯されたんです。

私が気を取り戻すと、他の日本兵が襲いかかってきました。それが繰り返されたんです。どの部屋からも悲鳴が上がっていました。この時のことは悔しくてたまりませんし、決して忘れることができません。

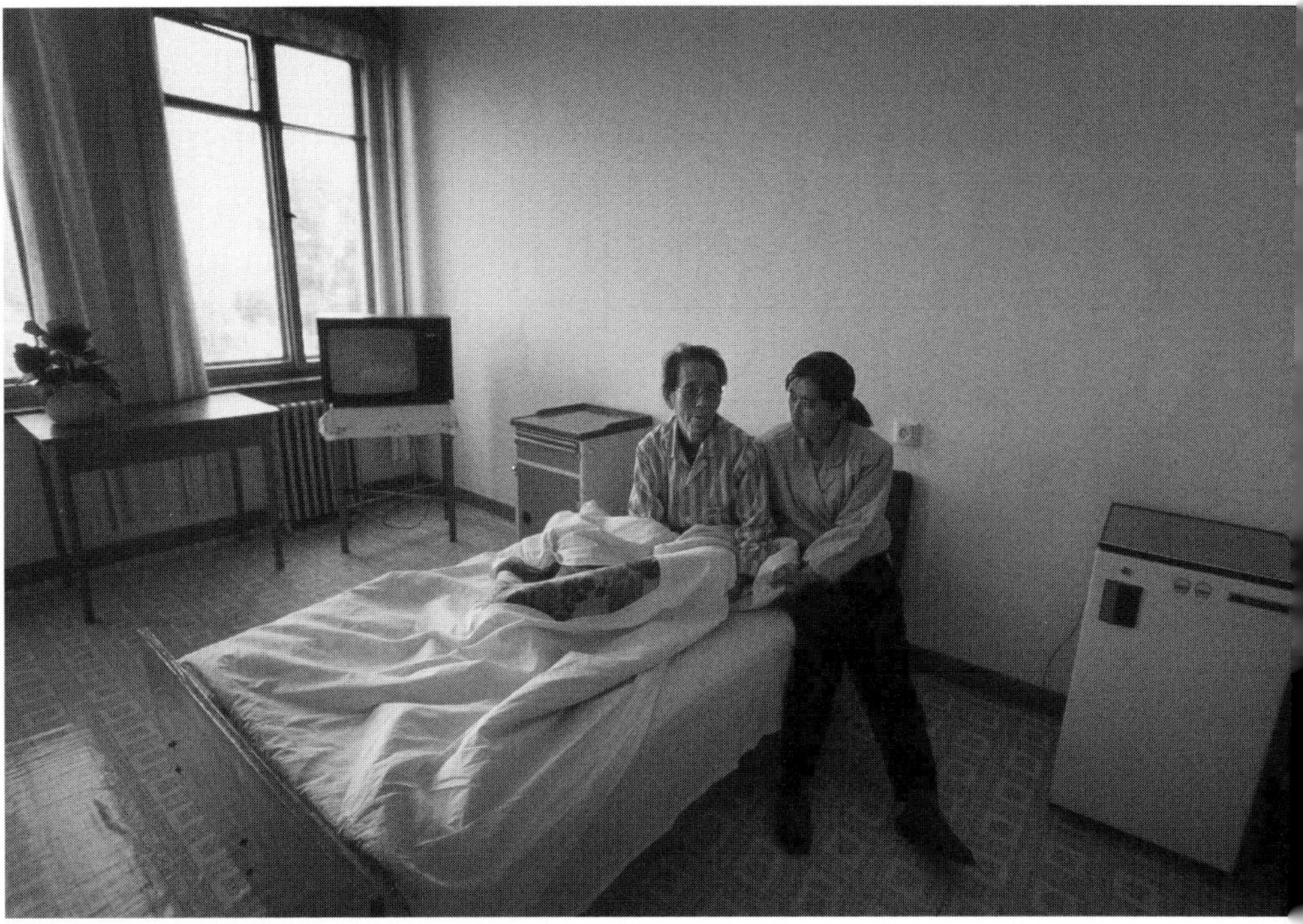

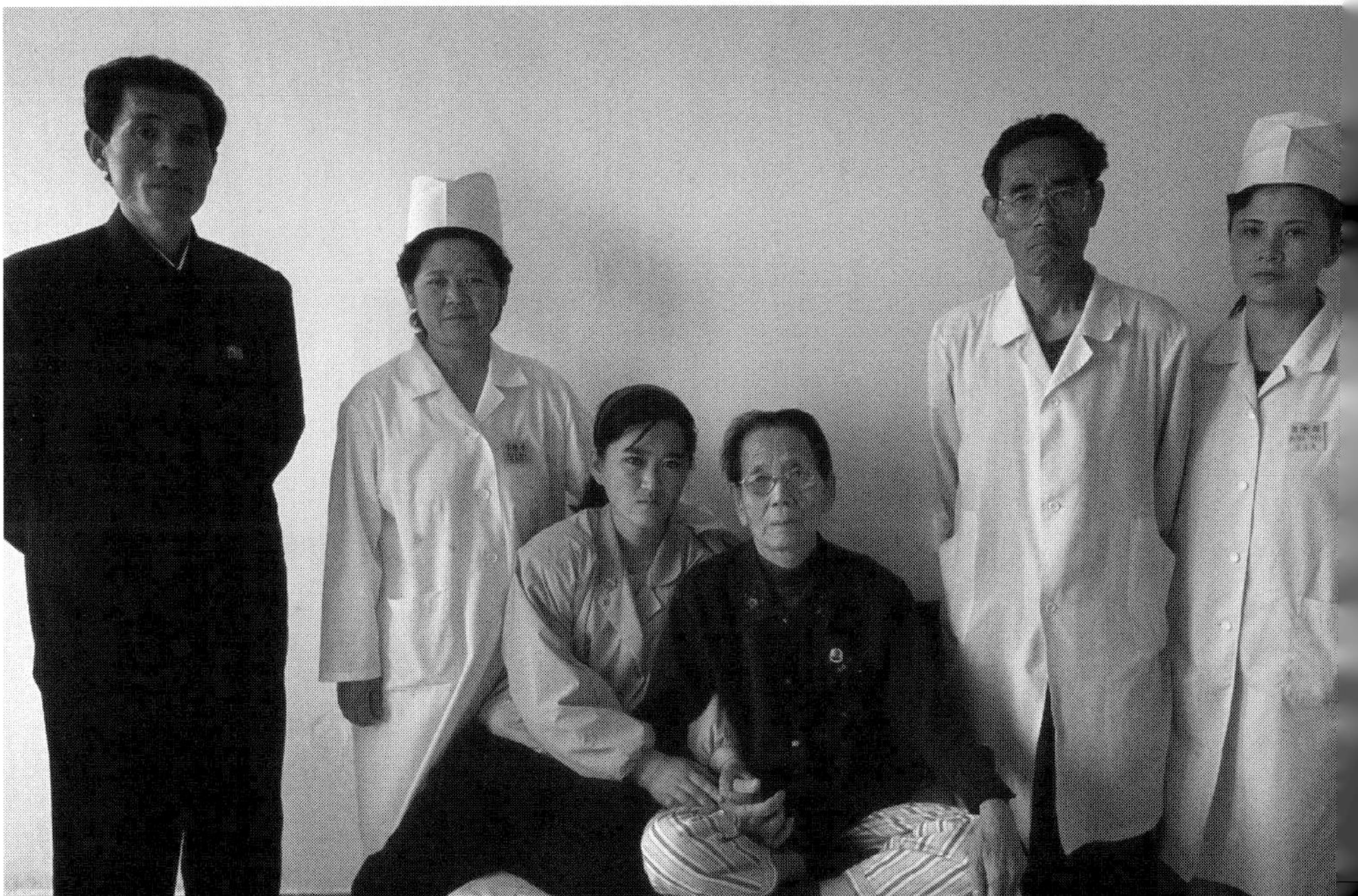

1日に20～30人もの相手をさせられました。抵抗した私に、「子宮を取ってしまうぞ！」と言って小さなナイフで切りつけてきた将校もいました。刀で刺された太股の傷痕は今も残っています。むこうずねは刀でえぐり取られました。私の体は刀傷だらけです。

「言うことを聞かない」と言って、兵隊が私の腕をねじり上げたことがあります。骨折して腕が動かなくなってしまい、2カ月間ぐらいギブスをしました。髪をつかんで引きずられたこともありました。痛いというよりは悔しい思いだけでした。

こうしたことをされたのは、私だけではありません。私と一緒に連行された李春心《リチュンシム》という娘がいました。日本兵は彼女を犯そうとしましたが、彼女は泣き叫びながら激しく反抗しました。すると将校は、彼女の乳首を歯で噛み切ってしまったんです。そこから血が吹き出し、彼女は気絶しました。春心はその傷で破傷風にかかり、死んでしまったんです。子宮を蹴られて、二日後に死んだ女性もいます。

「言うことを聞かないと地下室へ入れるぞ！」と日本兵は言い、私たちをそこへ連れて行きました。その地下室には、ここで殺された娘たちの死体が捨てられていました。腐った臭いが充満し、少しでもそれを嗅《か》げば頭が痛くなるほどひどい所でした。

逃げようとして捕まった女性がいました。私たちが見ている前で日本兵は、皮のベルトで彼女を叩いたんです。「私たちは逃げないから、その女性をこれ以上叩かないで！」と頼みました。ですが、その女性は1週間後に亡くなり、その地下室へ捨てられたんです。このようにして殺された女性は10人ほどになります。

「これでは自分も殺される」と思った私は逃げる決意をしました。11月頃のある日曜日。歩哨が居眠りをしている隙に、小さな門から仲間には何も言わずに一人で逃げ出したんです。朝の4時で

歌の大好きな郭金女さんを見舞うため、女子生徒たちが
病院へやって来た。医師や患者らも一緒に中庭で撮影。

した。

転びながら8キロメートルほど走ると、「朝鮮病院」と書かれた建物がありました。私は朝鮮語の文字を少しは知っていました。それは朝鮮人が経営する個人病院でした。「助けてください。私は慰安婦にされていました」と言うと、医者の妻がごはんを炊き始めたんです。「食事どころではない」と思った私は食べずにいました。すると、「何とか匿《かくま》ってあげるので、この病院にいなさい」と言ってくれたんです。金という名の医者は咸鏡南《ハムギョンナム》道《ド》出身で、35歳くらいでした。

夫妻が大切にしてくれたので私の体は良くなり、ここで看護師として働きました。「まだ、子どもは生める。結婚した方が良い」と命の恩人の先生が言うので、故郷に戻りたかったものの電気技術者と結婚しました。

ところが夫とは、4カ月間しか一緒に

生活できませんでした。日本軍によって解放直前に徴兵され、ついに戻って来なかったんです。1945年12月に子どもが生まれました。朝鮮の南側は米軍が占領していたので、故郷には帰れませんでした。統一したら戻るつもりでいます。

日本が犯した罪は大罪です。これから人生が開花するという時に、私は連行されました。そして日本は、実を結ぶ前の私をだめにしました。たくさんの朝鮮の娘を遠い東南アジアなどの戦場へ連行し、1日に20~30人もの兵隊が犯し、奴隷のように扱ったんです。人間としてできるはずのないことをしました。私は逃げ出したのでこのように生きていますが、逃げられなかった娘たちがどれだけ殺されたことか！　世界にこのような仕業をした国がどこにあるでしょうか。私の本音を言うと、日本人は非常にあくどい悪魔です。

私の傷だらけの身体を見てください。日本兵から強く殴られたため、今もその後遺症でしょっちゅう頭痛が起きます。目眩《めまい》や吐き気もあります。脚にはしびれがあり、洗濯する時などに力を入れると痛みます。

私はあとどれくらい生きられるでしょうか。私が今まで生きてこられたのは「日本に仇《かたき》を打たなければ」という強い意志があったからです。私たち被害者が死ぬ前に日本は過去を清算すべきです。死んだとしても、私の霊魂は日本へ飛んで行き、必ず謝罪と補償を受けます。

日本のお爺さんの中には、軍隊に徴兵されたことのある人が多いと思います。「自分の父や祖父は、政府の指示で朝鮮に行ってたくさんの女性を性奴隷にした」ということをその家族は知るべきです。そして、その息子や孫たちは日本政府に、過去の問題の解決を要求しなければならないと思います。日本が謝罪と補償をしなければ、朝鮮では次の世代にも日本への恨みは残るでしょう。

（取材：1998年6月2日／2000年9月7日／2001年10月7日／2003年5月4日）

＊1　1935年に操業を開始し、従業員約2100人の「鐘淵紡績全南工場」と思われる。

＊2　当時の牡丹江省穆稜の周辺には、ソ連との国境線に沿って虎頭・東寧などの巨大要塞が対ソ戦に備えて関東軍の手で数多く建設された。いくつかの要塞に「慰安所」があったことが、元日本兵の証言で明らかになっている。

＊3　儒教思想によって、髪の毛も親からもらった大切なものとされた。未婚女性は、長く伸びた髪を一つに編んでお下げ髪にしていた。

著者が監督・制作したビデオ作品『アリラン峠を越えて』（2003年制作、「ヒロシマ・ピョンヤン制作委員会」で取扱い）は、郭金女さんの証言や生活のようすなどを紹介している。

ひとりで1日30~70人もの相手をさせられたんです。

文《ムン》 玉《オク》珠《チュ》
Mun Okju

1924年4月3日生まれ
大韓民国大邱市で生活
1996年10月26日死亡

暮らしていた大邱の大明洞《テミョンドン》の借家は、火葬場が隣にあるような所でした。お父さんとお母さんには決まった仕事はありませんでした。しかもお父さんは、私が8歳の時に亡くなってしまったんです。いつも食べるものがなくて、お腹が減っていました。米などは食べられませんでした。

私は、貧しい人だけが行く私立の夜間学校に通い、算数・ハングル・日本語を習いました。ここは4年制の学校で、朝鮮人の先生が30人くらいを教えたんです。だけど3年間通ったところで、お金がなくなって中退しました。つらくて泣きました。

そして10歳の時から、朝鮮人や日本人の家へお手伝いさんとして行き、洗濯や掃除をしました。私の回りの人たちは、ほとんどが私と同じような生活でした。それを5年くらいしてから、家の近くの家内工業の靴下工場で2~3年働きました。その後は、しばらく家にいました。当時は仕事が

あまりなかったんです。

そんな時に、会えば挨拶する程度の顔見知りの男の人から「ちょっと遠い所の食堂だが、そこで働けばお金がもうかる」という話があったんです。その人は大邱に住んでいる朝鮮人ですが、洋服を着てネクタイをして靴を履いていました。その頃は、こんな服装をしているのは刑事などの限られた職業の人だけでした。その男の姓は「宋《ソン》」で、日本名は「松本」と言いました。年齢は40歳くらいで、日本語が上手でした。

「どこへ行くのか」と聞いてもはっきりとは教えてくれませんでしたが「暖かい国だ」と言うので、外国に行くのだとは思いました。「故郷に金を送ったら家族が楽に暮らせる」と松本が言うので行くことにしたんです。家族に知られたら反対されるので、誰にも話さないまま家を出ました。

1942年の7月9日、大邱駅から汽車で釜山《プサン》に出発しました。「松本」は、私を含めた15~21歳の女を20~30人集めていました。その日は釜山の「甲乙旅館」に泊まり、翌日、船に乗りました。親に何も言ってこなかったので、釜山港を出る時には悲しくて涙が出ました。

この船は6千トンくらいで、私たちは船の一番底に乗りました。女性の数は150~200人で、「松本」のような朝鮮人の男10人に連れられて来たんです。みんな、私のようにだまされた人ばかりでした。中には、小学校を卒業したような人や、生活水準の良い人も入っていました。回りの様子がおかしいので、家を出て来たことを誰もが後悔して泣いていました。

私たちは、救命胴衣を着た時と食事の時にだけ船の上の方に上がることができました。そうした時に米軍機を見たんです。船から鉄砲を撃っていました。日本の飛行機が、船を守りに来たこともあります。台湾・サイゴン・シンガポールに寄り、二十日間かけてビルマのラングーンに着きました。

文玉珠さんと最初に会ったのは1992年12月。ジャーナリストに体験を話すのは初めてで、名乗り出るのを勧めた学校の先生と共にホテルにやって来た。インタビューは6時間に及んだ。

ここに十日間いました。その時に、私たちが「慰安婦」にされることが分かったんです。教えてくれたのは、(日本軍の)兵隊として来ていた朝鮮人でした。「なぜここへ来たのか知ってるのか。お前たちは慰安婦として日本軍の部隊に配属される。間違ったことをした」と言われたんです。私以外の女性たちも「食堂で働く」と聞いていたので、みんなびっくりしたんです。それからは、昼も夜も泣いていました。すぐに自殺してしまった人もいます。雨の日に、川へ飛び込んで死んだのです。遺体を見つけたビルマ人が教えてくれました。

配属されたのは、前線のマンダレーの「楯8400（ハチヨンマルマル）部隊」[*1]でした。兵隊の肩には、○に「さ」の字が入っているマークがついていました。マンダレーには「慰安所」が3カ所あって、どこも「慰安婦」は朝鮮人だけでした。

「慰安所」の建物は、十人ほどの兵隊が来て造りました。ムシロで仕切っただけの部屋なので、背の高い兵隊なら中をのぞけました。部屋の中には、布団と枕があるだけでした。

「慰安所」へ兵隊が来るのは朝9時からでしたが、8時の時もありました。兵隊の外出日は部隊ごとに違うので、交代で毎日やって来ました。兵隊は部隊に戻る時間が決まっていましたが、その制限がない将校は夜中の1時や2時までいる時もありました。一人で1日30～70人もの相手をさせられたんです。時間は一人1時間ということになっていました。ですが外で並んでいる兵隊が「早く出てこい！」と叫ぶので、その時間にならなくても兵隊は次々と替わっていきました。

朝鮮人の軍人・軍属も「慰安所」に来ました。その軍属は捕虜監視員[*2]でした。同じ民族の私たちがかわいそうだと、一緒に泣いたこともあります。

週に1回、部屋の消毒と部隊の軍医による私たちの検診がありました。淋病にかかった人もいましたが、入院などできないので「慰安所」の自分の部屋で寝ているだけです。

私たちは、師団司令部の「外出証明書」がなければ、自動車にも乗ることができませんでした。この「証明書」は、軍人・軍属が外出する際には必要なものです。月1回の休みには、この「証明書」を持って5～6人で外出しました。それには、「文原と何人」というように外出者の名前と、「何時から何時まで」と外出時間が書かれ、判が押してありました。「文原」は私の創氏改名[*3]での姓です。

兵隊は、どこで買ってくるのか切符を持って来ました。「慰安所」へ入って来た兵隊から私たちがそれを受け取り、たまったら「松本」に渡すのです。料金は兵士1円50銭、下士官2円、大尉・中尉・少尉2円50銭、大佐・中佐・少佐が3円でした。月に1回、私たちにその半額が現金で渡されました。だけど、この中からご飯のおかずや服やタバコを買い、つらい時には酒も飲んだので、みんな生活費になってしまいました。私には1万5千円の預金がありましたが、それは兵隊からもらったチップです。

「慰安所」のあるところには、下関に本社がある「野戦郵便局」[*4]がありました。ここは一般の人は使えなかったんですが、「慰安婦」は軍属扱いだったので預金をしていました。

私たちは兵隊から「朝鮮ピー」「朝鮮人のくせに」といつも言われていました。ある時、酔っぱらった兵隊が来て、日本刀を振り回したことがありました。私は「お前は敵に向ける刀で、同じ大日本帝国の女性を殺そうとするのか」と言って刀を取り上げようとしました。ところが刀は兵隊に刺さり、死んでしまったんです。私は裁判にかけられたものの、正当防衛として無罪でした。

ここに5カ月間いてから、インドに近いアキャブという最前線に移されました。敵の飛行機に見つからないよう島に隠れながら、5～6人乗りの船での移動でした。火を使うと見つかるので、2～3日食事が作れませんでした。私たちが着いてから2～3日して、マンダレーにいた同じ部隊がやって来ました。

そこに1年ほどいました。ここの「慰安所」は4カ所あり、そのうち2カ所には日本人の女性がいて、その一つは将校専用でした。ここでの（英軍機による）空襲はひどく、1日に5～6回、多い時には12回もありました。私の足には、この時に受けた爆弾の破片での傷が残っていますし、他の「慰安所」では空襲で死んだ女の人もいました。

次にプロームに移されて5カ月間いました。ここには横になった大きな仏像があって、兵隊と一緒に見に行ったことがあります。

それからラングーンへ戻って「ラングーン会館」に2～3カ月間いました。次にタイのバンコク

他の女性たちと共に釜山への汽車に乗った大邱駅の前で。現在は、建物は新しくなっている。

직행·좌석
정류장
BUS

に行き、1カ月間いました。ここでは働かず、軍隊の寮のようなところで軍属の人たちと生活しました。

そしてアユタヤの「陸軍野戦病院」へ負傷兵の看護に行ったんです。病院には正式な日赤看護婦*5が14~15人いました。私たちは、注射・包帯の巻き方・止血・脈のとりかた・体温の計り方・マラリアやできものの治療などの教育を1カ月間受けました。

兵隊と下士官の病棟に100人、尉官病棟に14人、佐官病棟に50人が入院しており、肺病の(隔離)病棟もありました。私たち臨時看護婦は兵隊と下士官の病棟だけの担当でしたが、他の病棟と違ってひどい負傷をした人ばかりなので、いつも兵隊の叫び声がしていました。

この場所で3~4カ月した頃、日本の無条件降伏を聞いたのです。それまでは、日本が勝っているのか負けているのか知りませんでした。

帰国することになったのは、それから3カ月くらいしてからです。生き残った「慰安婦」の女性たちはほとんどが帰りましたが、金があるので残った人もいました。大邱から一緒に行った17人は、投身自殺・薬物自殺・肺病での病死、そして船の沈没で亡くなり、この時には13人になっていました。

赤十字の印を付けた帰国船には、朝鮮人ばかりが千人くらい乗っていました。それは軍人・軍属・「慰安婦」・民間人で、男性の方が多かったです。女性はほとんどが「慰安婦」でした。同じ「慰安婦」でも、ラングーンなどの都会にいた人は顔色も良かったのですが、私たちは乞食みたいでした。それでも、生きて延びて国へ帰れると泣きました。

船は下関へ行くと聞いていたのに、着いたのは仁川《インチョン》でした。「野戦郵便局」の預金通帳があったので、下関に行きたかったんです。

大邱の実家に帰ると、家族は泣いて喜びました。タイから手紙と一緒に送った5千円が着いており、家族は私が食堂で働いていると思っていました。

結婚はしませんでした。「慰安婦」だったし、お金もなかったからです。行商でリンゴを売ったり他人の家に働きに行ったりして、苦労しながら生活してきました。今も知人の家で掃除・洗濯をして生活していますが、最近は仕事がなくなってきました。

1979年頃に、子宮が痛かったので病院に行ったところ、子宮内膜炎だというのでラッパ管を切ってしまいました。そのため今でも子宮が痛いし、腰が痛いのも「慰安婦」をさせられたためだと思います。リューマチと神経痛だけでなく血圧も高いのでいろんな薬が必要ですが、金がなくて飲めません。

同じ船で帰国した女性たちとは仁川で別れましたが、しばらくしてから連絡を取って10人と会いました。「慰安所」でできた子どもと生活している人もいます。彼女たちは、「自分の体験は話したくない」と言っています。私が話す気になったのは、私には弟がいるものの家庭がないからです。

こんな体験をしたので、いまだに夜はよく寝られません。そんな時には、あの頃の光景が鮮やかによみがえり、泣き明かすことも多いのです。思い出すのは、ラングーンで自殺した女の死体を焼いた時、よく焼けるようにと棒でつついたら、死体から油が流れ出たことです。帰国して2年ほどは焼き肉が食べられず、今もそれを見るたびに思い出すほどです。他にもあります。アキャブでの空襲の時にはサイレンが鳴りましたが、韓国で夜間外出禁止[*6]があった頃には、夜12時のサイレンを聞いて外に飛び出してしまったこともありました。

日本から補償金をもらえれば、それで私立の養老院に入りたいんです。そのために補償金も欲しいのですが、私の人生がこんなになってしまったことへの道徳的な謝罪を日本にして欲しいです。
私が話したことは、実際にあったんですよ。

（取材：1991年12月18日／1996年2月26日）

＊1　「楯師団」は1940年に編成された「第55師団」の旧称で、「8400部隊」は師団指令部のこと。

＊2　正式には「俘虜《ふりょ》監視員」。日本軍は、アジア太平洋戦争の初期に英国・オランダ・オーストラリアの連合国軍の将兵約26万人を捕虜にした。その監視のために朝鮮人と台湾人が「軍属」として集められた。朝鮮からの約3千人はタイ・ビルマ・マレー・ジャワに派遣。日本敗戦後、日本の戦争責任を肩代わりさせられて朝鮮人148人が「BC級戦犯」とされ、そのうちの23人に死刑が執行された。

＊3　朝鮮人に対して「氏」を新しくつくり、「名」を日本式に変えさせる政策。1939年の「朝鮮民事令」改正で公布され、翌年から施行された。

＊4　軍専用の移動郵便局のこと。文さんが預金した郵便局は、1942年5月30日にプロームで開設された「第302野戦郵便局」。「軍事郵便貯金」は、アジア太平洋戦争中は「下関貯金支局」が管理しており、その原簿に2万5245円の預金が文さんにあることが記載されている。そのため文さんは、1992年にその支払いを求めて提訴したものの、2003年に敗訴が確定した。

＊5　「日本赤十字社」で教育を受けた看護師は戦争時に応召する義務があり、軍病院・兵站病院や病院船へ「救護班」として派遣された。「従軍看護婦」と呼ばれた。朝鮮人・台湾人の「従軍看護婦」については、拙著『アジアの戦争被害者たち』（草の根出版会）・『棄てられた皇軍』（影書房）で触れている。

＊6　1945年9月からソウル市などで出され、朝鮮戦争の開戦直後の1950年7月に全国へ拡大。午前0～4時まで、医師を除く民間人の外出が禁止された。全面解除されたのは1988年1月。

「妊娠して役に立たないから殺す」と言って、お腹を軍刀で切ったんです。

李《リ》 桂月《ゲウォル》

1921年9月6日生まれ
朝鮮民主主義人民共和国で生活
2005年10月19日死亡

私が生まれたのは、黄海道《ファンヘド》碧城郡《ピョクソングン》白雲里《ペグンリ》です。ここには呉《オ》ジンサという大地主がいて、貧しいわが家はその家の小作をしていました。地主から米を借りると、秋には何十倍にして返さなくてはなりませんでした。

私が5歳の時のことです。お父さんは、世話をしていた地主の牛に角で肋骨を刺され、それが原因で亡くなってしまったんです。「男の働き手がいなければ、女では役に立たない」と言われて、母・兄・二人の妹と私はそこから追い出されました。そのため2年間、乞食をしていました。日本人が経営していた鉱山に流れ着き、そこでお兄さんが働きました。ですが、落盤事故に遭《あ》って腰にけがをし、働くことができなくなったんです。そのため、お母さんは再婚しました。仕方なく私は、オ・オスクという面書記の家に子守として入りました。その時は8歳でした。面書記の家

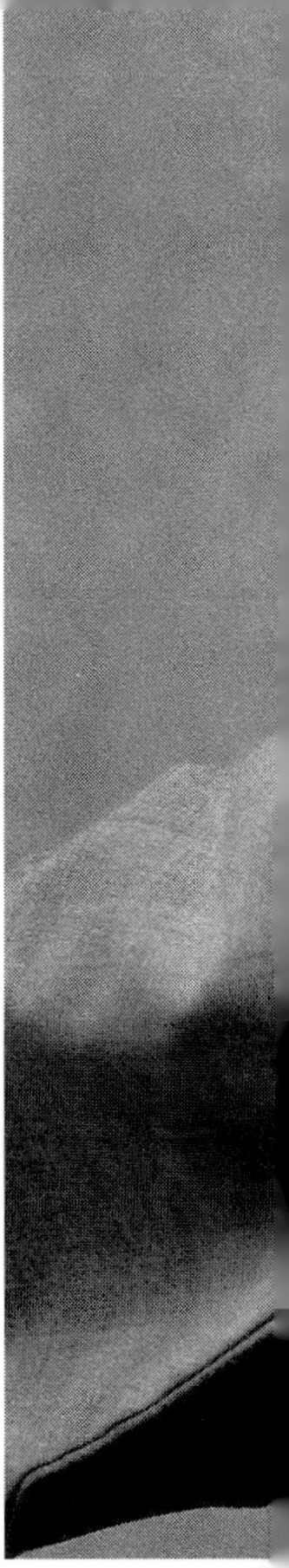

（上）被害女性のほとんどは1992年かその翌年に名乗り▶
出たが、李桂月さんは1999年と遅かった。
（下）平壌で被害体験の聞き取りを行う「日本弁護士連
合会」元会長の土屋公献さん。

では、給料はありませんでした。そのままでは可哀想だからと、私が13歳になった時に旅館の下女奉公を紹介してくれたのでその家を出ました。

「ペタン旅館」で奉公をして3年たった1937年3月のことです。区長がやって来て「おまえはここで、一生を下女奉公して暮らすつもりなのか。もっといい仕事口を紹介してやる」と言われたんです。私は「3年間も働いてきたここがいい。それにお母さんや家族と離れたくない」と断りました。すると翌朝、区長の手下である洞長[*1]がやって来て、私を無理やり駅へ引っ張って行きました。そこには守備隊の兵士と、「高田」という星二つ付けた将校[*2]が待っていて、私は貨車に押し込まれたんです。

中は真っ暗で、すでに二人の少女がいました。どこから来たのかを互いに話をすると、イプニという少女は同郷でした。もう一人は背が低い李永子《リヨンジャ》です。3人は、地獄へでも連れて行かれるのではと不安でたまらなくなり、泣きながら扉を叩いたのですがどうにもなりません。小さな穴から与えられた握り飯にも、手を付けられませんでした。

私たち3人は、哈爾濱《ハルピン》で汽車から降ろされて1泊しました。次に「ハルピン丸」という船に乗せられ、翌朝、木蘭県[*3]に着きました。そこでさらに馬車に乗り、民家が1軒もないような林の中にある日本軍駐屯地に連行されたんです。3人が別々の部屋へ入れられそうになったので、「殺すなら殺せ、死んでも一緒にいる！」と抵抗したために殴られました。そして兵士から「ここをどこだと

◀亡くなった息子の嫁が李桂月さんの面倒をみている。
インタビューの際も、そばで見守っていた。

思っているのか。天皇の命令でお前たちはここへ来たのだ。死ぬか生きるか選べ！」と脅され、恐ろしさに震えました。

入れられた建物の中は、壁は板張りで、床にはむしろが敷かれていました。麦ご飯が出され、おなかがすいていたのでそれを食べたものの空腹は満たされませんでした。そして「いらっしゃい、どうぞ（日本語）」という言葉を教えられました。

こうして十日間ほど過ぎたころ、「高田」がやって来ました。ここでの命令は、彼が出していたようです。「おまえたちはわしの言うことを聞かないと死ぬぞ。日曜日には守備隊の兵士の相手をしろ」と言ってから、私たちを殴ったりしながら強姦したんです。

日曜日は魔の日でした。兵士たちが1日中列をなし、暴力的に私たちを犯し続けたからです。朝8時から夜中の12時過ぎまで、30～40人の相手をさせられました。言われたようにしないと、あばら骨が折れるほど殴られたり蹴られたりしました。性行為の時、兵士はコンドームを使用しました。私には「松子」、イプニには「愛子」と名前が付けられ、永子《ヨンジャ》は「エイコ」と呼ばれました。

統制が厳しかったため、「慰安所」にどこの出身の女性が何人いたのか分かりませんが、中国人や日本人もいたように思います。朝礼が毎日あり、「勝ってくるぞ…（日本語）[*4]」と歌わされ、「皇国臣民の誓い」をうまく暗唱できないと「この野郎！　貴様！」と怒鳴られ、あごを殴られて気を失っていました。そのため私のあごの骨は歪《ゆが》んでしまったんです。それだけでなく、軍刀で刺された傷が今も残っています。

食事は、食堂に勤務している兵士が運んで来ました。私たちの食事はムギ・タイ米やアワなどで、みそ汁など見たこともなかったんですが、軍犬[*5]には牛肉や野菜を入れた汁が与えられていたんです。

検診を受けたことは一度もありません。病気になっても、治療をしてくれませんでした。14歳の

永子が、お腹が大きく膨らむ病気になってしまいました。お腹が痛くて寝ているのに奴等が襲いかかったので、永子は泣き叫びながら抗議しました。すると「高田」は、「おまえら朝鮮女が100人死んでも何の関係もない！　こいつは妊娠して役に立たないから殺す」と言って、永子のお腹を軍刀で切ったんです。ですが胎児はいませんでした。妊娠したのではなく腹水[*6]でした。永子は野原に放置され、それを犬がむさぼり食ったんです。それを見た私たちは気を失いました。

一緒に連行されたもう一人のイプニは、13歳でまだ子どもでした。彼女は栄養失調のように痩《や》せてしまったんですが、日曜日には100人と性行為を強要されました。そのイプニの叫び声を聞いたので、止める兵士を振り払いのけて私が駆けつけると、刺し殺されていたんです。連行された時から永子とイプニとは、「一緒に帰ろう、死ぬのなら一緒に死のう」と誓い合っていました。なのに二人は殺されてしまい、次に私も殺されるのではという不安でいっぱいでした。

日曜日以外の日には、将校たちが酒に酔って踊ったりした後に、際限なく私たちに性行為を強要しました。私が気を失っている時に、「高田」が性行為をしようとしても反応がないので、火の点いたタバコを腹に押し付けたんです。私が「熱い！」と叫んで暴れると、「これは面白い」と言って全身にタバコでやけどを負わせ、私は再び気を失ってしまいました。その傷跡は今でも残っています。

またある日、熙川《ヒチョン》から連れて来られた5人の女性が逃亡しようとしたものの捕まりました。私たち全員が集められた広場には、5人が手足をロープで縛られていました。奴等は、彼女たちをそこにあったマンホールに次々と投げ入れ、水面から顔を出すと棒で殴りつけて水死させてしまいました。そうして「逃亡すればおまえらもこうなるんだ！」と怒鳴りつけたんです。

こんな苦痛に満ちた地獄のような生活を強いられて、2年が過ぎました。3月のある日、朝から将校たちが酒に酔って大声で歌っているので、今日は何の日だろうと思っていました。すると、「高田」が私を呼ぶので行ってあいさつすると、「今日はわしの誕生日だ」と泥酔して上機嫌でした。そして私に、「散歩にでも行こう」と言ったんです。ここへ連行されて来て、一度も外出することができなかったので、出てみたいと思って誘いに乗りました。

「高田」は、呼んだ馬車に酒やビール、飴やビスケットなどを積ませ、一人の兵士を一緒に乗せました。しばらく行くと、なぜか「高田」はその兵士に「降りろ」と命令して馬車から降ろしたんです。松花江のほとりに着くと、私が乗って来た「ハルピン丸」が川辺に停泊していました。それを見て、「この機会を逃さずあの船に乗らなければ、私はきっと死んでしまうだろうと」という思いになったんです。

川辺の草むらの中に場所をとって、「高田」に中国の強い酒を次々と飲ませました。すると眠ってしまい、私が叩いたり蹴ったりしても起きないのです。そのため私は、下駄を脱いで走って逃げ出したんです。すると一人の青年が釣りをしていました。青年は朝鮮人でした。「助けてください！」と私が言うと、私がどんな境遇にいるのかすぐに分かってくれました。このあたりには、朝鮮の女性が連れられて来て悲惨な生活を送っている、との噂が広がっていたんです。青年は自分の家に連れて行ってくれました。そして私を、病院に行く患者に仕立てて、背負って「ハルピン丸」に乗せてくれたんです。

着いた哈爾濱では、乞食のようにさまよいながら命をつないでいました。ですが私は、「朝鮮に帰って、区長と洞長に復讐をしないといけない」と決心し、朝鮮人の家を頼りながら1年半かけてやっとの思いで故郷へたどり着いたんです。

戻ってみると、旅館はなくなっており、区長や洞長は死んでしまったのかいませんでした。行く所もなく乞食生活をしていたら、お兄さんと再会しました。お母さんは亡くなっていました。部屋を借りて一緒に暮らし始めましたが、1年程すると「処女供出」のうわさを耳にしました。男性はみんな強制連行され、独身女性も連行されるというのです。

死ぬ思いをして戻って来たのに再び繰り返すことなどできないと思い、顔も知らない17歳年上の男性と結婚しました。私は、この道を選ぶしかなかったんです。こうして「供出」から逃れたものの、私は子どもを生めないだけでなく一人前の働きもできませんでした。

8・15に祖国が解放されました。国が無償で入院させてくれ、骨折したり切り裂かれたりした傷も治してくれました。私は、朝鮮戦争*7で孤児となった女の子3人と男の子2人を育てました。祖国の配慮で幸福な生活をしているので、立派に育てあげて国に貢献できたらとの思いからです。

つい最近まで、自分の体験は隠していました。「慰安婦」という言葉すら知らなかったし、私は封建的な女性ですから、日本軍から受けた侮辱をどうして話すことができたでしょうか。浴場でも体の傷を他人に見られないように隠していました。朝鮮女性としてのプライドから、純潔のまま生涯を送ったと他の人から思われたいと、私の子どもたちにも、25年間連れ添った夫にさえ話しませんでした。ですがテレビ放送で、国が「慰安婦」にされた女性を捜しているとの話を聞き、私個人の問題ではなく朝鮮女性全体の問題だと思い直して名乗り出ました。亡くなった息子の嫁はそうした私に感激し、「再婚せず最後までお義母さんの面倒をみますし、孫の代になっても恨《ハン》を晴らします」と言ってくれました。

連行され辛酸をなめた過酷な日々を振り返って、日本の皆様に申し上げたいことがあります。日本から受けた野獣のような仕打ちを考えると、今でも憤りで全身の震えが止まりません。何の罪もない幼い多数の朝鮮人女性を「慰安婦」にして虐殺した大罪について謝罪するどころか、国家として何の関与もしていないという日本の態度に私は怒りを禁じ得ません。私自身、一銭ももらったことはないし、一部の奴等が言うような商行為などではありませんでした。ありもしないデマを流すことは決して許されません。日本を丸ごと売って補償してくれたとしても罪はまだ残ります。

（取材：１９９９年7月15日／２００１年3月19日）

＊１　朝鮮の地方行政区画「郡」「里」の下に位置する「洞」の長のこと。
＊２　中尉か中佐と思われる。
＊３　哈爾濱から１２８キロメートル離れていて、松花江中流に位置する。
＊４　「露営の歌」（作詞：藪内喜一郎、作曲：古関裕而）の歌のことと思われる。
＊５　軍事目的で訓練された犬のこと。
＊６　腹部に大量の水が溜まる病気のこと。
＊７　１９５０年6月25日から１９５３年7月27日まで、大韓民国と朝鮮民主主義人民共和国の間で起きた戦争で、民間人を含めて約３５０万人が死亡した。現在も休戦状態が続いている。

勤労挺身隊として行った日本で「慰安婦」をさせられました。

姜《カン》 徳《ドク》景《キョン》
Kang Dokkyong

1929年６月13日生まれ
大韓民国ソウル市で生活
1997年2月2日死亡

私は慶尚南《キョンサンナム》道《ド》普州《チンジュ》で生まれました。お父さんは私が幼い頃に亡くなり、家族はお母さんと弟との３人でした。お祖母さんは地主だったので、お母さんはそこの田んぼの仕事をしていました。

８歳の時に朝鮮人ばかりの「吉野国民学校」*1に入りました。私の学級は70人でした。日本人は隣に別の学校がありました。お祖母さんは向学心が高い人だったので行かせてくれたんです。お弁当も毎日持たせてくれ、ご飯に干したメンタイやタコ、タクアンなどのおかずが入っていました。

１年生の時は男女それぞれ一クラスずつでしたが、３年生の時にはそれに共学のクラスが増えました。担任の先生は日本人でした。１年生の時には朝鮮語の授業がありましたが、その後は日本語だけを習いました。

担任の先生が、先生の名前の判子を押した小さな紙切れを30枚くれました。親しい友人同士で

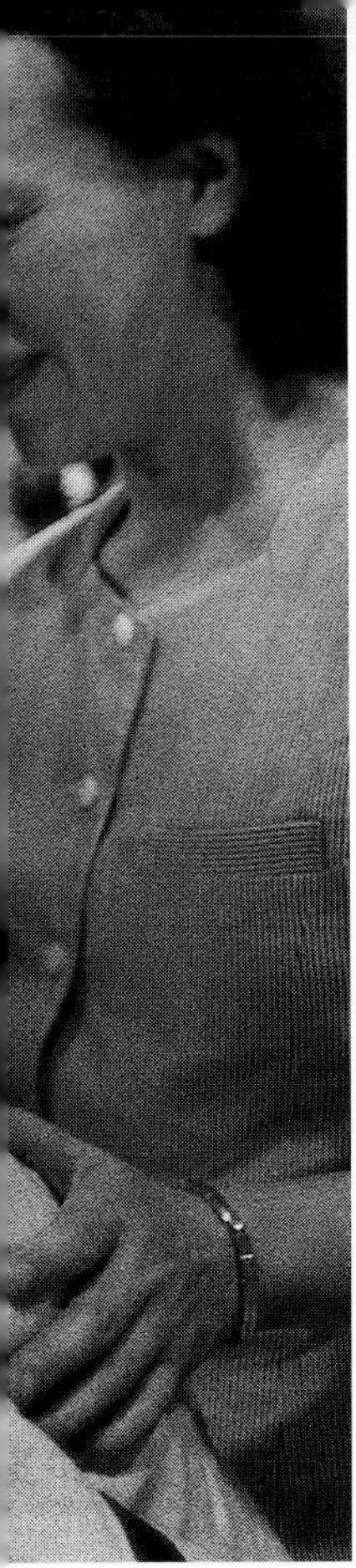

前頁▶
姜徳景さんが1992年秋まで生活して来た「家」は、畑の真ん中にポツンとある昔の貯水槽だった。

も、相手が一言でも朝鮮語をしゃべったら、その紙切れをもらうようになっていました。それが全部なくなった人は罰を受けるんです。当時は、たくさん集めるのを誇りに思っていました。

「国民学校」に「高等科」ができ、その1年生だった時に担任の先生が家庭訪問に来ました。先生は「日本へ行くのは天皇陛下に忠義を尽す道だ。白いご飯も食べられて、お金もくれるし勉強も続けられる」と日本の工場へ行くように勧めたんです。

クラスのみんなが集まっているところで、先生が「挺身隊に行く者は手を上げろ」と言いました。ですが誰もいなかったんです。結局、私を含めこのクラスから二人が行くことになりました。１９４３年[2]のことで、私は数え年で15歳でした。

普州から汽車で出発した50人に、途中の馬山《マサン》で50人が加わりました。釜山《プサン》でさらに50人が加わったので１５０人になったんです。

私たちは釜山の道庁[3]前広場に集められ、道知事の前で私の友人が決議文を読みました。そして責任者から「おまえたちは、これからは大日本帝国のために女子勤労挺身隊[4]として働く」と聞かされたんです。

連絡船[5]に乗せられると、お母さんのことが思い出されてみんなで泣きました。連絡船の護衛のために、2機の飛行機が空から、2隻の軍艦が両側に付きました。

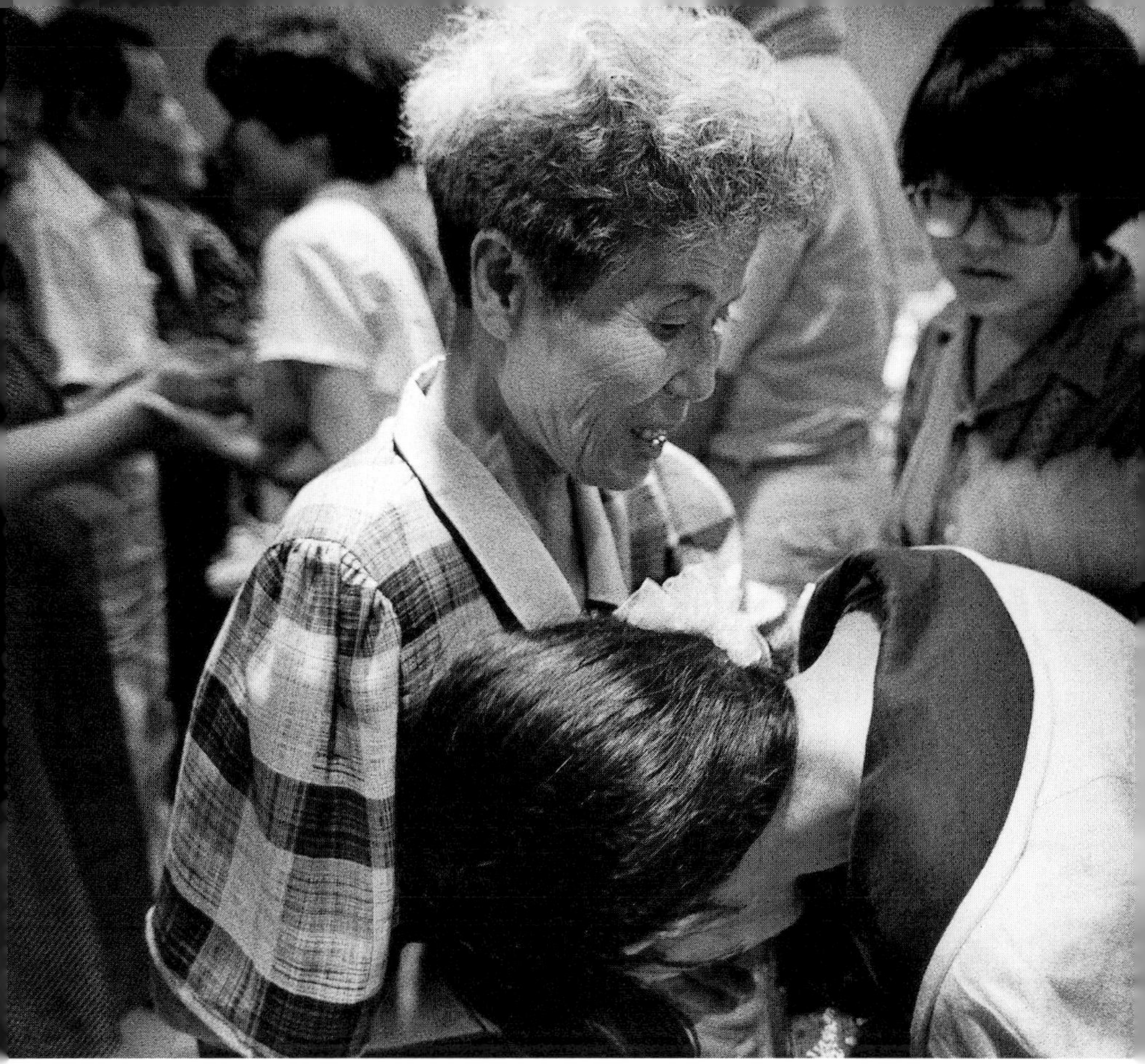

三重での集会後、姜さんの話に心を動かされた若い女性が泣き崩れた。

下関から乗った汽車が着いたのが、富山県にある「不二《ふじ》越《こし》*6」という工場だったんです。行き先が「富山」であるとか「不二越」だとは、着くまで知りませんでした。

国防色の帽子を被って、胸には「大日本女子挺身隊」と書かれた布を付けました。寄宿舎では地域別に分かれ、一部屋に12~13人が入りました。私たちは「大隊」「中隊」「小隊」に組織され、私は「中隊長」をしました。普州からは、後からもう一組が来ました。

着いてからの1週間は、工場内の見学や機械の名前を習ったりしました。その間には遠足にも行きました。その

1992年8月に李容洙さんと共に来日し、三重・松代・名古屋で体験を語った。

ソウル市内にあったころの「ナヌムの家」で暮らす被害女性たち。

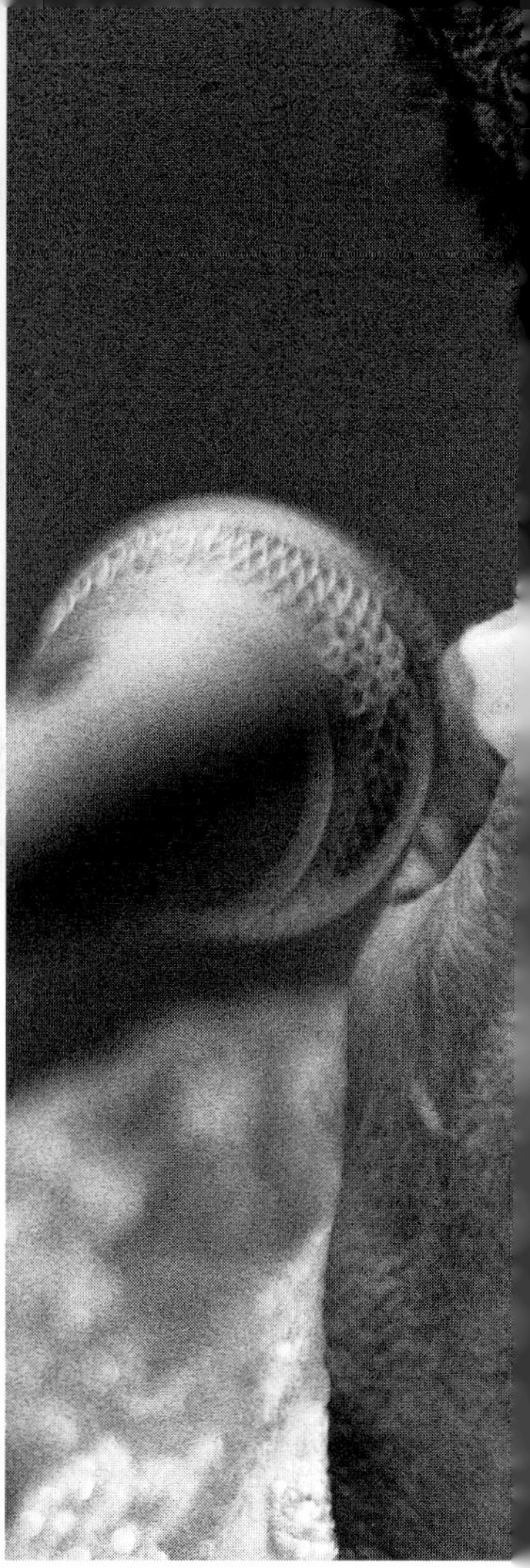

日本大使館へのデモでは、李容洙さんと共に先頭に立って声を張り上げた。

◀（上）貯水槽で暮らしていた時、コスモスの花の前でポーズをとった。
（下）自分の絵の前に立つ。被害女性たちは、自分の被害体験を絵にした。

時、伏木《ふしき》で水をもらった家が「方《パン》」という姓の朝鮮人の家でした。ここからは海や船が見えました。

富山は雪があまりにも多いので、寄宿舎から工場までは雪のトンネルを通って行ったほどです。手を頭の上まで大きく振り、歌を歌いながらでした。この歌は、子どもの頃から歌が好きだった私が、軍歌に自分で作った歌詞を付けて作りました。

1週間ごとに昼間と夜間が交代する勤務でした。私は旋盤を扱いましたが、刃が焼けてしまうと日本人によく怒られました。柔かいカーボンを削るのは良かったんですが、鋼鉄は大変でした。会社からは、給料がいくらなのかという話はなく、「預金しているので帰る時にあげる」ということでした。

この時の食事の話になると、今でも涙が出ます。配られた食事を見てびっくりしました。朝鮮ではお祖母さんが白いご飯ばかり出してくれたのに、あまりにも量が少なかくて惨《みじ》めだったからです。箸で一粒ずつ数えながら食べるくらいの量しかご飯がなかったんです。小柄の私でも足らなくて、耐えられませんでした。

私たちは昼食として、大豆の粕で作った三角形のパンを朝食の後に三つもらいました。だけどあまりにもひもじいので、すぐに全部食べてしまったんです。昼食時間になると、日本人たちが食べているのを見ながらうずくまっていました。

あまりにもお腹が減っているので、「今日は起きないようにしよう」と「中隊長」3人で決めてみんなに伝えました。そのため、舎監が「起床！」と言っても、誰も起きなかったんです。すると舎監はベルを鳴らし、怒鳴りながら部屋に入って来て、頭の上まで被っている布団を引っぱがしたんです。「大隊長」が仕方なく「起きなさい」と言うので、私たちは渋々従いました。こんなこと

松代の「慰安所」跡で座り込んでしまった。「自分はここにいたのではないか」と思ったからだという。▶

がたびたびあったんです。

「ここでは生きられない。何とかここから逃げ出して、一度でいいから腹いっぱい食べたい」という気持ちしか私にはなくなってしまいました。3人の女性が逃げた、という話も聞いていました。

そして「不二越」に着いてから3～4カ月したある日の明け方、同じ学校から来た友人と逃げ出したんです。前に行ったことのある伏木の朝鮮人の家に行き、昼ご飯をもらいました。だけど、寄宿舎の舎監二人がすぐに来て、捕まってしまったんです。私たちは正座させられ、「模範的に働いていたおまえたちが、どうしてこんなことをしたのか」と言われましたが罰は受けませんでした。

戻ったものの、作業場へ行く時に屋根まで積もった雪を見たら悲しくなりました。心の中は「どうしてもがまんできないので、また逃げ出そう」という気持ちでいっぱいでした。

そして次に、布団と枕で人が寝ているように見せかけて、二人で鉄条網を乗り越えて夜中に逃げたんです。それは、前の時から2～3カ月後だったと思います。

伏木の朝鮮人の家に行ったら捕まるのでウロウロしていたら、通りかかったトラックが停まりました。そして、その中から降りて来た兵隊に手を引っ張られてトラックに乗せられたんです。それまで一緒だった友人は、振り返ったらいませんでした。トラックにはその兵隊と運転手の二人だけでした。この兵隊は腕章をしていて、肩には星が三つありました[*7]。腕章には「憲兵」[*8]と書いてあったと思います。後で「小林」という名前だと分かりました。

いくつもの峠を越え、左側に明かりが点々とついているのが見えました。そして右側に小さな小山があるところで車は停まり、兵隊に手を引っ張られて降りました。その小山の上で犯されたんです。覆いかぶさった兵隊が私に何をしているのか、その時の私には分からなかったんです。下腹が痛くてたまりませんでした。

再びトラックに乗せられて、2~3棟の兵舎がある部隊に着き、その隣にあるテントに入れられました。そこにはすでに5~6人の娘たちがいました。顔の色が黒くて何もしゃべらなかった一人はどういう人なのかわかりませんでしたが、あとはみんな朝鮮人でした。

テントの中には一人用の木製ベッドがあり、そこで兵隊の相手をさせられたんです。私は下腹が痛くて夜も寝られませんでした。私はここで「ハルエ」と呼ばれました。

最初は、私を捕まえた兵隊の相手だけでしたが、三日後からは他の兵隊たちの相手もさせられるようになりました。兵隊は毎日やって来ました。1日に4~5人で、土曜日・日曜日には10人以上でした。ですから土曜日は、まるで死刑執行の日のように私には思われました。

ある日の夜、私ともう一人が毛布を持って山の方に連れて行かれました。そこには濠があって、警備に立っていた何人かの兵隊がいました。持っていた銃を横に置くと、私たちに飛びかかってきたんです。私は下腹が痛くて歩くことができず、兵隊二人に両側から抱えられてテントに戻ったほどでした。

それから何日かすると、私を最初に犯した兵隊が来て、そこの部隊の兵隊と女たちを3台のトラックに乗せました。それは、この場所で約4カ月間たった時でした。移動の途中で、右側に小高い山、左側には川か海が見えました。

着いた所は前よりも大きい部隊でした。まわりには畑が広がっていました。この部隊からは山が見えて、そのふもとには防空壕や村がありました。この防空壕は相当大きくて、この中でも兵隊の相手をさせられたんです。ここに来てから少しすると雪が降りました。

入れられた小屋には約20人の娘がおり、連れて来られた私たち5~6人は、ここで生活することになりました。すでにいた女たちは他の所で暮らしているらしく、2〜3日ごとにやって来ました。「慰安所」はここだけではなくて他にもあったようです。

小屋は倉庫のような形で、建物の真ん中にある扉から出入りするようになっていました。中には5〜6室と食堂がありました。やって来たのは兵隊たちと、軍服は着ているけれど階級章を付けていない者たちです。

私は女性たちの中で一番年下でした。私が「姉さん」と呼んでいて外出が許されている年上の女性が「ここには工事現場と軍部隊がある」と教えてくれました。そして兵隊の「小林」に「ここはどこなのか」と聞いたところ「マツヤマ」だとか「マツシロ」*9とか言ったんです。そして、口に指を当てて「シィー」と言いながら「ここは天皇陛下が避難に来る所」と言いました。そして「これは軍事機密なので人に話してはならない。話したら死ぬぞ！」と言われたんです。

ある日、外の雰囲気がおかしいので小屋から出てみました。部隊の中では兵隊たちが何も言わずに泣いていました。部隊の外からは、朝鮮語の「戦争が終わった」という声や「万歳、万歳！」という叫び声が聞こえてきました。終戦になったんです。

私はトラックに乗っている朝鮮人をつかまえて「富山まで連れて行ってくれ」と泣きつきました。私は「富山」という地名しか知らなかったからです。その男の人は「これから帰国するので大阪だったら連れて行ってあげる」と言いましたが、このトラックに乗りました。

大阪はもっと騒々しかったんです。朝鮮の国旗を振り、万歳を叫びながら大勢の人が行き来していました。私は、人込みの中にいた若い朝鮮人に「富山に連れて行って欲しい」と頼みました。その人に連れられて、汽車で伏木の朝鮮人の家に行ったんです。

その家でしばらく家事を手伝いました。その年の冬、そこの主人と子どもたちや兄弟たちが朝鮮

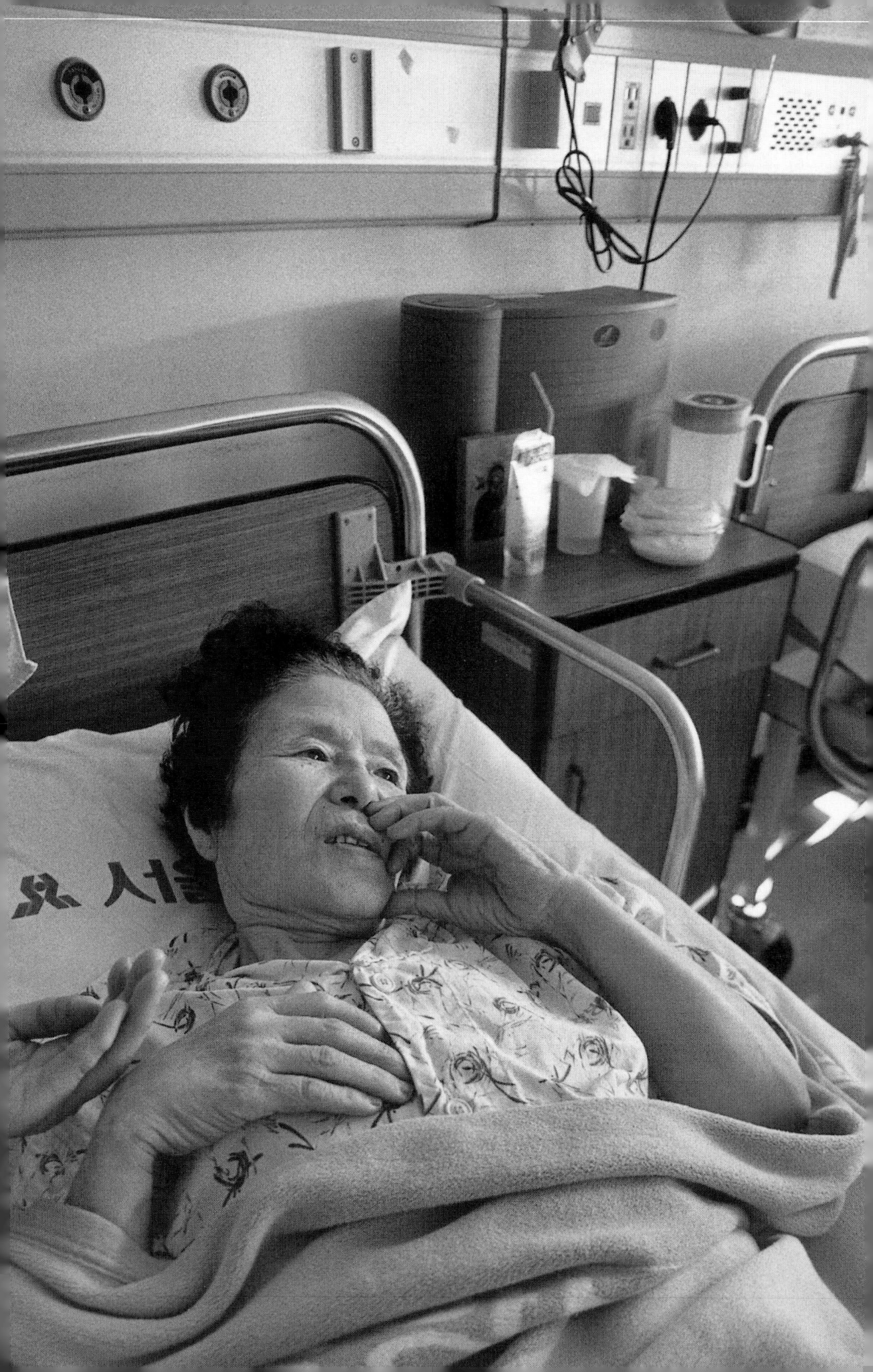

1997年に亡くなる前は、ソウル市内での入院生活が続いた。▶

に戻ることになり、一緒に汽車で大阪へ行きました。そして、80トンくらいの船を闇で雇ったんです。その船の中で、私は自分の身の上が悲しくなりました。そして、玄界灘に身を投げようとしたのですが見つかってしまいました。

今、私たちは雨や雪が降っても風が吹いても、不自由な体で毎週水曜日に日本大使館前に集まっています。[＊10] そして「良心的な謝罪と償いをしてくれ」と叫んでいます。

富山で「挺身隊」として働いた時も、捕まえられて「慰安婦」にされた時も、お金はもらうどころか見たこともありません。ですが、お金をくれというのではありません。私たちが犠牲にされたようなことが、二度と繰り返されないようにして欲しいのです。

帰国してからも惨めな生活をしてきましたが、これからの余生をどう生きていけるのか心配です。

（取材：１９９２年8月22日／同年9月27日／１９９５年6月10日／同年8月15日／１９９６年1月10日／同年2月29日）

＊1　１９４１年4月の「国民学校令」によって朝鮮でも初等教育制度が変更され、朝鮮人が通う「普通学校」と日本人の「小学校」が改称された。姜さんの在学中に変更があったと思われる。

＊2　慶尚南道（普州・馬山）から「不二越」への最初の「女子勤労挺身隊」は、１９４４年6月なので、１９４４年の間違いと思われる。

＊3　慶尚南道の庁舎。朝鮮戦争の際には、臨時首都政府庁舎として使われた。現在は「東亜《トンア》大学博物館」として公開されている。

＊4　アジア太平洋戦争中、日本の軍需工場での労働力不足を補うために朝鮮から連れて行かれた「半島女子勤労挺身隊」のこと。「三菱重工」「不二越」「東京麻糸」などで働かされた女性たちが、謝罪と補償を求めて日本で提訴した。

＊5　日本の下関と朝鮮の釜山との間で運航された「関釜連絡船」のこと。

＊6　富山市に本社を置く切削工具・ベアリングなどの製造企業。アジア太平洋戦争の末期に、朝鮮からの女子勤労挺身隊1090人、男子の「報国隊」という名の徴用工540人が連れて来られた。拙著『証言　従軍慰安婦・女子勤労挺身隊』（風媒社）に詳しい。

＊7　三つ星だけなら上等兵、それに「金筋」が入っていれば曹長。

＊8　警察権を行使できる軍人のこと。「小林」は「憲兵」でなく「補助憲兵」の可能性もある。

＊9　当時の長野県埴科郡（はにしなぐん）松代町のことと思われる。この山中に、陸海軍の最高司令部である「大本営」や「皇居」・政府機関・「ＮＨＫ」などを移転する工事が1944年11月から始まった。計画された地下壕の長さは約13キロメートルで、強制連行などによる朝鮮人6千～7千人と日本人約3500人が工事に従事。それを指揮する軍人・民間人のために、民間の建物を借り上げた「慰安所」が数カ所に設けられた。

＊10　1992年1月8日に始まったソウルの日本大使館前での「水曜デモ」という名での抗議行動。

兵隊は彼女の首を切りその煮汁を飲めと強要しました。

李《リ》 福汝《ボクニョ》
Li Boknyo

1919年4月18日生まれ
朝鮮民主主義人民共和国
咸鏡北道で生活
1993年死亡

私は4人兄弟の長女で、弟3人がいました。ところが、両親は私たちを残して死んでしまい、一番下で乳飲み子だった弟もお母さんに続いて死んだのです。

住む家もないので橋の下で雨露をしのぎながら、乞食をしたり農家の手伝いをしたりして弟たちを養いました。

私が数え年で17歳の夏、住んでいた小屋に帰ると、巡査か兵隊なのか分からない二人の日本人の男が現れたんです。彼らは私の髪の毛をつかんで、放り投げるように大きなトラックに乗せました。弟たちが「お姉ちゃん行くな!」と泣き叫んだので私は振り返ろうとしたんですが、男たちに蹴られて中に押し込められてしまいました。トラックの中は、幼い少女から二十歳前後までの娘たちでいっぱいで、100人くらいいました。男たちは、泣き叫ぶ私たちを殴ったり蹴ったりして黙らせ

李福汝　

たんです。

水原《スウォン》の駅で汽車に乗せられ、中国の大連へ連れて行かれました。私たちが列車の外をのぞこうとすると、「何を見ている！」と兵隊は髪を引っ張ったり足で蹴ったりしました。私は、弟たちのことも心配だしこれから何が起きるのかという不安で泣き出したんですが、そしたらまた殴られました。

兵隊たちは、途中の哈爾賓《ハルピン》や牡丹江などで娘たちの一部を汽車から次々と降ろして行きました。私は東寧県で汽車から降ろされ、20人くらいの女性とトラックでプチャゴルに連れて行かれました。到着すると将校が「天皇と軍の命令だ。言うことを聞かないと殺す！」と言いました。

私は5号室に入れられ、着いたその日から強姦されたんです。あちこちの部屋からも悲鳴が聞こえてきました。それからは、少ない日でも30人くらいの日本兵の相手をしなければなりませんでした。

ある日、二人の女性が兵隊の相手をするのを拒否したということで、両手を縛られて庭に引っ張られて来ました。兵隊たちは、私たちを呼び集めて二人を高い木に吊るしたんです。その娘たちは兵隊に、「犬のようなお前たちの言うことなんか聞かない」と言いました。そうしたら、奴らは刀で彼女たちの乳房をえぐり取ったんです。血が吹き出ました。あまりにも残酷なので、私は気絶してしまいました。彼女たちが死ぬと、兵隊たちは首を切り落として沸いた湯の中に入れました。そして、その煮汁を私たちに飲めと強要したんです。拒否すれば私たちも殺されるので、生きるために仕方なく飲みました。

女性たちの数はいつも20人くらいで、病気で死んだり逃亡に失敗して殺されたりすると新しい女性が補充されました。

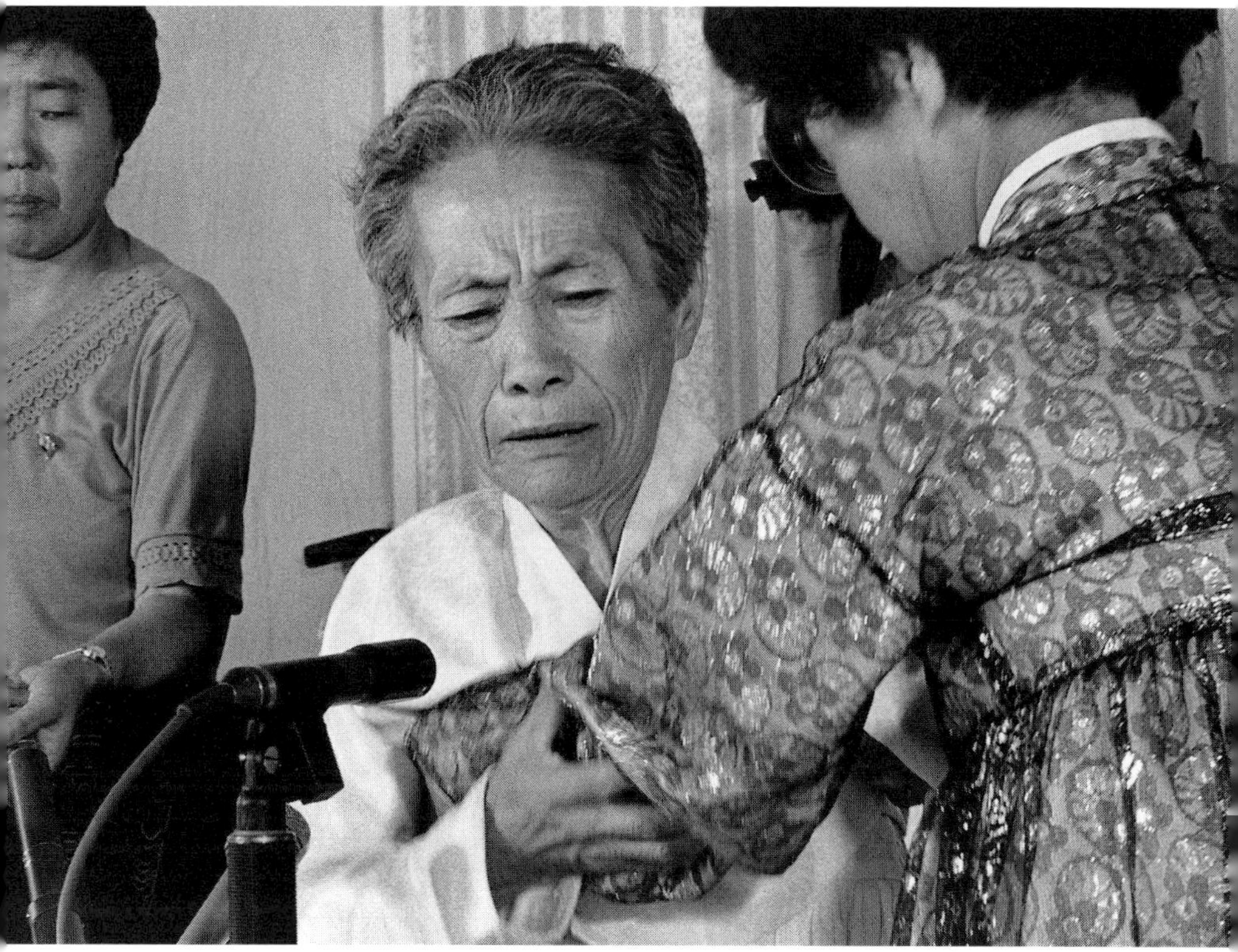

話を聞いている日本人たちをにらみながら証言をしていたが、途中で気分が悪くなって医師から治療を受けた。

ある時、私は逃げようとして捕まってしまいました。板にくくり付けられて何十人もの兵隊に犯され、逃げ出せないように足の神経を切られてしまったんです。そして、別の部隊に移されて砂地に天幕を張っただけの所に入れられました。私は、鉄条網の下をくぐって逃げようとしたものの、鉄条網に鈴が付けられていたのを知らなかったので再び捕まってしまいました。

すると兵隊たちは、赤く焼いた鉄棒とドラのような鉄板を私のお尻に押し付けたんです。この時のやけどはケロイド[*1]になってしまったので、今でも歩くのが困難で、痛くて横になることもできないほどです。

ある時、奴らは私たちの食事に毒薬を入れました。[*2]私はやけどのために早く歩けないため遅れて食事に行ったところ、先に食べた女性たちがすでに死んでいたんです。私は這《は》って逃げ出して、その村の中国人にかくまってもらいました。私はここの「慰安所」に8年間いました。

体のやけどの跡を見てください。正視できないほどです。1947年に帰国しましたが、故郷には帰れませんでしたし、子どもを生むこともありませんでした。

（取材：1992年8月12日）

＊1　皮膚が、やけど・けが・炎症などによって赤く盛り上がった状態のこと。
＊2　戦況の悪化によって部隊を撤収する際に、「慰安所」にいた女性たちを「処分」しようとしたものと思われる。とりわけ、フィリピンなどの激戦地では多くの被害女性たちが集団虐殺された。

日本や韓国の若者に事実を教えなければなりません。

金《キム》学《ハク》順《スン》
Kim Haksun
1924年10月20日生まれ
大韓民国ソウル市で生活
1997年12月16日死亡

お父さんは、独立運動[1]をしていたために朝鮮では暮らすことができず、「満州」へ行きました。そこでお母さんと出会い、吉林省で私が生まれました。ですが、私が生まれた100日目のお祝いもしないうちにお父さんは死んだのです。原因はわかりません。

お母さんは、「満州」では子どもを連れて女一人で生活ができないし、お父さんが死んだので朝鮮に帰っても大丈夫だろうと、私をおぶってお父さんの故郷の平壌《ピョンヤン》に行きました。それは私が2歳の時です。

私が12歳で「普通学校[2]」を卒業すると、お母さんは魚の小売商をしていた咸《ハン》という人と再婚しました。相手の人には24歳の息子と17歳の娘がいました。私は「お父さん」と呼びたくないし、一緒に生活するのが嫌でした。「お母さんを取られた」という気持ちだったんです。家にいたくなかったので、何度も家出をしていました。

そのため、お母さんの希望もあったので、14歳の時に平壌の「妓生券番学校《キーセン》*3」というキーセンになるための有名な学校に入ったんです。ここでは舞踊・歌、チャングやカヤグムなどの楽器、書道から道徳まで勉強しました。学生は数百人いて、私は3年間通って8～9人と一緒に卒業証書をもらいました。

この学校で勉強するにはたくさんのお金が必要だったので、金泰元《キムテウォン》という人の養女になってお金を出してもらっていました。この人のところには、私と同じような女性が2～3人いました。

卒業した年に、この養父と私より1歳上の娘と一緒に中国へ行ったんです。養父は、娘二人を使って金儲けしようとしたらしいのです。

ところが着いてすぐ、日本軍の将校と兵隊が私たちを取り囲み、養父を地面に引きずって座らせ、日本刀で脅したんです。殺さんばかりでした。「娘たちを連れて行け！」と将校が兵隊に命令しました。この養父が、その後どうなったのかは分かりません。

私たちは「北支」の獲鹿県鉄壁鎮*4の部隊に連れて行かれました。そこは最前線だったので、連れられて行く途中にも「襲撃だ！」と言われてトラックの下に隠れたんです。弾が、頭の上をかすめて飛んで行きました。

私たちは、部隊のすぐそばの家に入れられました。中国人が生活していた家でしたが、日本軍が来たので逃げたために空き家になっていたんです。そこには、すでに3人の朝鮮人女性がいたので5人になりました。私たちに兵隊が名前をつけ、私は「アイ子」でした。「エミ子」は18歳、「サダ子」「ミヤ子」が19歳、「シズエ」が22歳でした。

ここで兵隊が獣のように飛びかかって来て、私は貞操を奪われました。私が部屋から外へ逃げ出

すと「言うことを聞かないと殺す！」と言うのです。「こんな世に生きていてどうなるのか」と私は死ぬことしか考えられなくなりました。

「慰安所」の中は、大きな部屋を布で仕切って小さなベッドが置いてありました。入口には消毒液があって、兵隊は入って来るとそれで手を洗いました。コンドームは兵隊が持って来ました。週1回、軍医が来て私たちの検査をしました。お金なんか、もらったことはありませんよ。

三日に1度の兵隊の外出日には、10～15人の相手をさせられました。その時は、昼でも夜でもやって来るんです。その時のことを思い出すと、今でも頭がもうろうとします。

5人の中では私が一番若かったので、兵隊の言うことを聞きませんでした。そのため「この野郎、朝鮮人！」とののしられ、殴られたり蹴られたりしていました。どうすれば逃げられるのだろうか、とばかり考えていました。逃げようとしたことが2回ありましたが、兵隊に見つかり捕まってしまい殴られました。最前線だから逃げ出すことができないのです。

部隊へは「国民党軍」[*5]の夜襲もありました。兵隊たちが、スパイとして捕まえた二人の中国人を殺すのを私たちに見せたこともあります。目隠しして手を後ろで縛り、日本刀で首を切ったんです。血がパッと飛び散り、本当に恐ろしかったんです。「言うことを聞かないとお前たちもこのように死ぬ」という見せしめです。死体は、掘ってあった穴に足で蹴って放り込まれました。

私たちは、ここからあまり遠くない所へ移動しました。それから数日後に、私たちのいた家に朝鮮人の商人が来たんです。中国人の家だと思って、泊めてもらおうとしたんです。この人は趙《チョ》元璨《ウォンチャン》という人で、中国の1円銀貨を買い集めて商売をしていました。

私はその人に「私はこんなところで腐っていこうとしている。あなたは朝鮮人だから、私をかわいそうだと思うなら助けて欲しい」とすがり付いたんです。この時は、ちょうど兵隊の外出がない

金学順さんと始めて会ったのは1991年10月21日。インタビューを終えると表情がやわらいだ。

時でした。それで、次の日の晩に連れてもらって逃げたんです。「慰安所」には春に行き、3カ月以上いて秋に逃げました。

それからは、その男と一緒に暮らしました。南京《ナンキン》や徐州など各地を転々とし、19歳の時に子どもができたので上海《シャンハイ》に住みました。フランス租界*6の中で「松井洋行」という名の質屋をしました。最初に娘を生んで3年後には男の子を生みました。

戦争が終わると、上海には重慶から蒋介石がすぐに来て、その後には金九《キムグ》*7先生が来ました。1946年の夏に、最後に韓国へ引き揚げる「光復軍」*8と一緒に、家族4人で帰国することになりました。上海に足かけ4年いました。2隻の船に乗った3千人のうち、民間人は千人以上でした。船内で注射をしたり検便をしたりと、26日間も乗っていたんです。

仁川《インチョン》に上陸し、トラックでソウルにあった収容所に運ばれました。ここに3カ月い

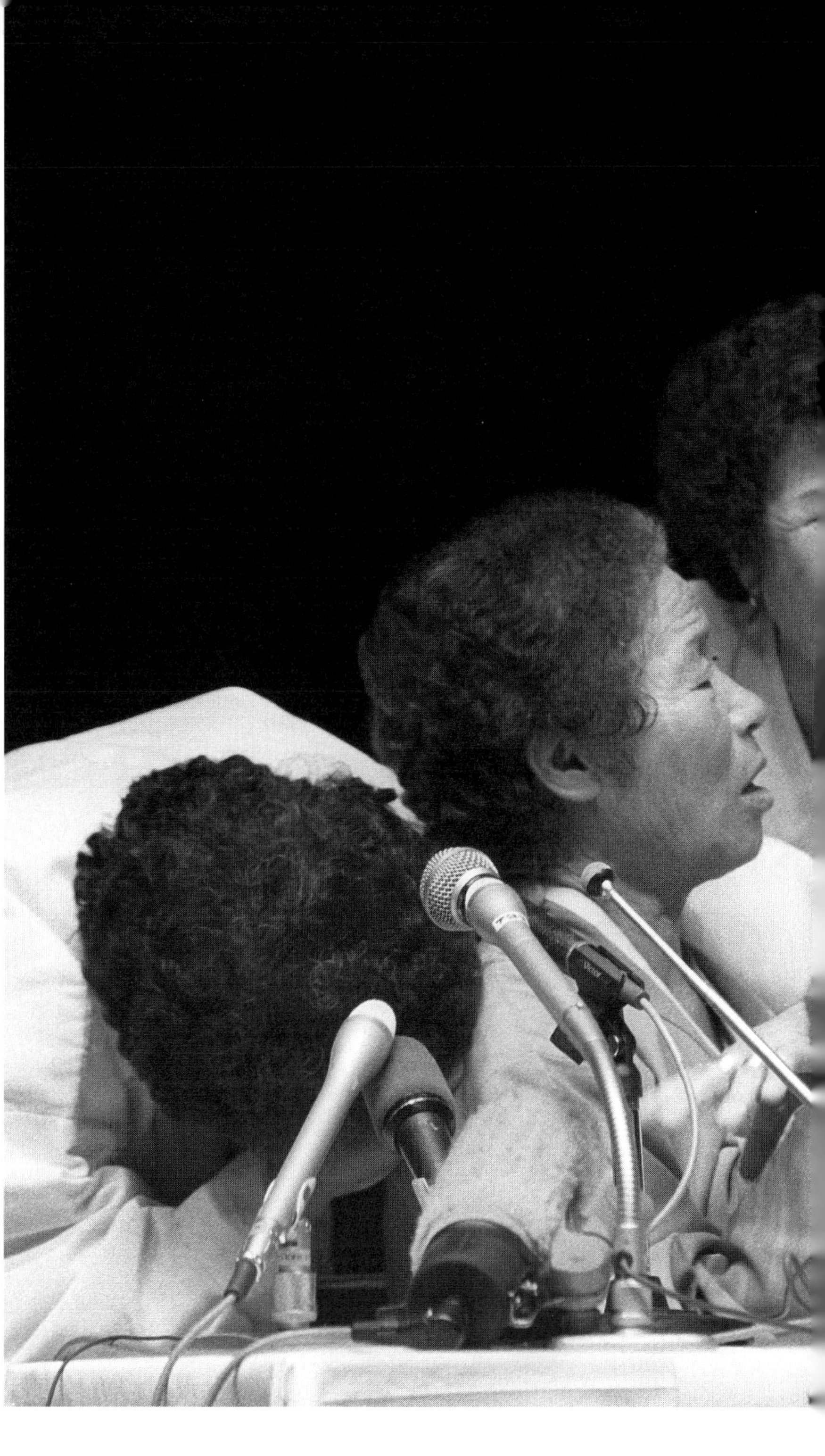

「日本の戦後補償に関する国際公聴会」で、証言を終えた朝鮮からの金英実さんに韓国の被害女性たちが駆け寄った。金学順さんは、自分と同じ「慰安所」にいたのではないかと尋ねた。

る間に、伝染病で娘が死んでしまったんです。

夫は高校まで出た人でしたが、仕事がないので市役所の清掃夫を1年間しました。それから、軍隊にモヤシ・豆腐・メンタイなどの副食を納入する業者のところで働きました。ところが１９５２年に、倉庫が崩れるという事故で死んでしまったんです。

その夫は酒を飲むと、「お前は慰安婦出身だ」とさげすんだり「俺がいなかったらお前は死んでいる」と言ったんです。だから私は男が嫌いになり、夫が死んでからは再婚しませんでした。

それからは、東大門《トンデムン》市場で仕入れたメリヤスなどを、江原道《カンウォンド》へ売りに行って生活しました。そのため、夏休みの息子を江原道の束草《ソクチョ》に連れて行きました。ところが、私が市場で集金している間に湖で溺れて死んでしまったんです。

それからは一人暮らしです。私は、息子が死んでから気がおかしくなり、国中を放浪しました。ソウルに戻って来たのは１９８１年です。


家の中で一人でじっと座っていると、昔を思い出します。新聞で「慰安婦」のことが出ているのを読んで、どれほど泣いたか分かりません。「慰安婦」をさせられたということはいつも胸の中にあったので、いつかはこれを日本に訴えなければならないと思っていました。死ぬ前にこの体験を暴露して、スッとした気持ちになりたかったので名乗り出ました。

私の人生がこのようになったのは日本のせいです。日本は私たちに補償をして、このことを歴史に残さなければなりません。今の日本や韓国の若者は、こんなことがあったのを知らないので、事実を教えなくてはいけないと思っています。

（取材：1991年10月21日／1992年6月1日／同年12月9日／1997年12月18日［葬儀］／1998年6月16日［墓地］）

＊1　日本に支配された朝鮮を独立させるための運動。1910年の「韓国併合条約」によって、「大韓帝国」は日本が設けた「朝鮮総督府」の統治下に置かれた。それに対して民族主義者や社会主義者らが中心となり、民族解放のためにさまざまな闘いを行った。
＊2　1906年から1938年まで朝鮮に置かれた朝鮮人を対象とした初等教育機関。
＊3　朝鮮の伝統的な芸妓を育成するため、1941年まで平壌に置かれた学校。
＊4　金学順さんは、韓国語読みの「チョルビョクジン」と語った。
＊5　「中国国民党」が組織した軍隊のこと。「中国国民党」は反共主義だったが、1937年に「日中戦争」が始まると「中国共産党」と共闘して日本軍と戦った。
＊6　上海に設けられた、英国・米国・フランスなどによる外国人居留地。
＊7　朝鮮人の独立運動家。上海で樹立されて重慶へ移った亡命政権「大韓民国臨時政府」の主席になった。
＊8　1940年に「大韓民国臨時政府」が組織した抗日軍。

ルポ

Reportage

르포르타주

奪われた記憶を求めて

元日本軍「慰安婦」沈達連さんの強制連行の現場から

日本軍に奪われた記憶

1997年4月4日。沈達連《シムタルリョン》さん（1927年7月5日生まれ）のアパート前から乗ったタクシーは、30分ほどで目的地の慶尚北《キョンサンブク》道《ド》漆谷郡《チルゴクグン》枝《チ》川面《チョンミョン》に着いた。日本軍によって性奴隷（日本軍「慰安婦」）にされた沈さんとともに、一家が住んでいた家と、近くの拉致現場を探しに来たのだ。

沈さんの住む大邱市《テグシ》の中心から北西に直線距離で約15キロメートル。その気になればいつでも来ることのできた距離である。だが、沈さんにとってこの距離ははてしなく遠い。彼女はかつての自宅を一度だけ探しに行ったが、その時は見つけ出せなかった。文字が読めず健康状態が良くないという理由もあるが、何よりも昔の記憶がはっきりしていないからだ。

沈さんは、大邱市が建てた低所得者用のアパートで暮らしている。部屋の中には、新興宗教の大きな仏壇が目立つ。信者になったのはおよそ20年前とのこと。それまでは人が恐くて家から出られないこともあった。しかも、その時から後のことは覚えているが、それ以前の記憶がぼんやりとしている。沈さんは、「慰安所」で受けた過酷な体験によって過去を覚えていない。人間としての尊厳だけでなく、記憶まで日本軍によって奪われたのである。

彼女は、「島に連行されたが、そこがどこだったのかは確信が持てない」という。ただ、一緒に

沈達連さん（中央）のアパート前の、大邱市内に住む被害女性たち。この日、
別の市営アパートで暮らす金粉先さん（右）と李容洙さん（左）が訪ねてきた。

◀沈達連さんの自宅跡に、昔のままの井戸が残っていた。

連行された女性が言っていた台湾だろうと思っている。日本の敗戦によって「慰安所」から解放されたが、その時すでに精神状態が悪かった沈さんはその場所で放浪生活を始める。偶然に出会った韓国人に連れられて帰国し、その一家と数年間、一緒に暮らした。だが、精神状態が良くならなかったために、沈さんは仏教寺院に預けられてしまう。

今から40年ほど前、たまたまその寺を訪れた沈さんのすぐ下の妹が、彼女を見つけた。妹は三日間続けてさまざまな質問をし、姉に間違いないとの結論を出した。妹はすでに亡くなっているが、再会後、沈さんと20年間一緒に生活をした。最初の10年ほどの沈さんは、不安定な精神状態のために外出できず、日本兵からうつされた梅毒によって子宮からは膿《うみ》が流れ出し、足からは水が出て便所にも行けないほどだった。

私は彼女の話を開いてやるせない気持ちになった。何とか帰国できても、極度の対人恐怖症になったり、梅毒のひどい後遺症で苦しんできた被害女性があまりにも多いからだ。

現在の沈さんは、ひどい頭痛は少なくなったものの、頭がいつもボーッとしているという。記憶は少しずつ戻っているが、精神状態にムラがあるため、何も思い出せなくなってしまう時があるという。

記憶を呼び戻した自宅跡の井戸

私たちはまず、かつての自宅を捜すことにした。連行された当時の家族は、両親のほかに女5人・男二人の7人兄弟だった。父親の名は沈次道《シムチャド》、母親は方一粉《パンイルブン》。私が沈達連さんの拉致現場を確認したいのは、彼女だけでなく姉も一緒に拉致されているからだ。

＊

◀「この場所でヨモギを摘んでいて捕まった」と説明する沈達連さん。後方の山のふもとに鉄道が通っている。

このあたりではないかという場所で、通りかかった車や民家で尋ねても、誰も「そんな地名は知らない」と言う。枝川面の役場まで行って、その理由がようやくわかった。彼女が覚えていた「イルン」という地名は、解放後には「徳山洞《トクサンドン》」に変わっていた。そのため、若い人に聞いても知らなかったのだ。

徳山洞に着き、国道4号線に面した古い家で沈さん一家が住んでいた場所を聞いた。その家には朴魯仁《パクロイン》さん（1921年生まれ）というお爺さんがいた。窓ごしに話をする。ここで生まれたという彼に沈さんのことを説明すると、「その一家なら知っている」と言う。

朴さんの家から国道に沿って北へ2～3分歩き、右折して約20メートル入ったところが、沈さん一家が暮らしたはずの場所である。牛の世話をしていたその家のお爺さんに事情を話して庭に入れてもらう。

敷地内には2棟の建物がある。1棟は比較的新しい建物だ。古い方の建物も「見覚えがない」と沈さんは言う。沈さんに庭の真ん中へ立ってもらってシャッターを切っていると、何かを思い出したのか、彼女が急に庭の奥へと足早に向かった。庭の隅に置かれている大きな鉄の蓋を持ち上げると井戸があった。彼女は釣瓶《つるべ》を下ろして水を汲み上げた。それほど深くはない。沈さんは「これだけは昔と変わっていない」と言いながら涙ぐんでいる。

強制連行の現場を発見

次に、沈さん姉妹が拉致された場所へ向かう。昼頃から降り続いている小雨はやみそうにもない。国道を渡って少し歩くと、小川にコンクリート製の橋がかかっていた。「昔は小さな橋だった」と言う。自宅の場所がわかったので、彼女は迷うことなく拉致された現場を探し出した。芽吹いたば

かりの雑草で緑のじゅうたんを敷いたような田植え前の水田が広がっている。昔と違うのは、ビニールハウスが何棟か建っていることくらいだろう。場所を特定する大きな目標は、当時と同じ位置に敷かれている京釜線[*1]の線路だった。ひっきりなしに列車が行き来する。線路から30メートルほど国道寄りのこの場所で、沈さん姉妹は日本兵に捕まったのだ。

＊

「一家の生活は貧しくて学校には行けませんでした。食糧の足しにするために、ヨモギを姉と二人で摘んでいました。すると、赤い腕章をした兵隊に突然手を捕まれ、広い道の方へ引っ張られて行ったのです。そこには幌をかぶせた一台のトラックが止まっていて、数人の兵隊がいました。トラックがやってきたのには気がつかなかったのです。乗せられる際に抵抗した私は、靴でひどく蹴られました。荷台にはすでに何人かの女性がいました」

沈さんは、トラックに乗せられてからのことを次のように語った。「私たちを乗せたトラックは、ここから離れた学校の正門に乗りつけました。そして、

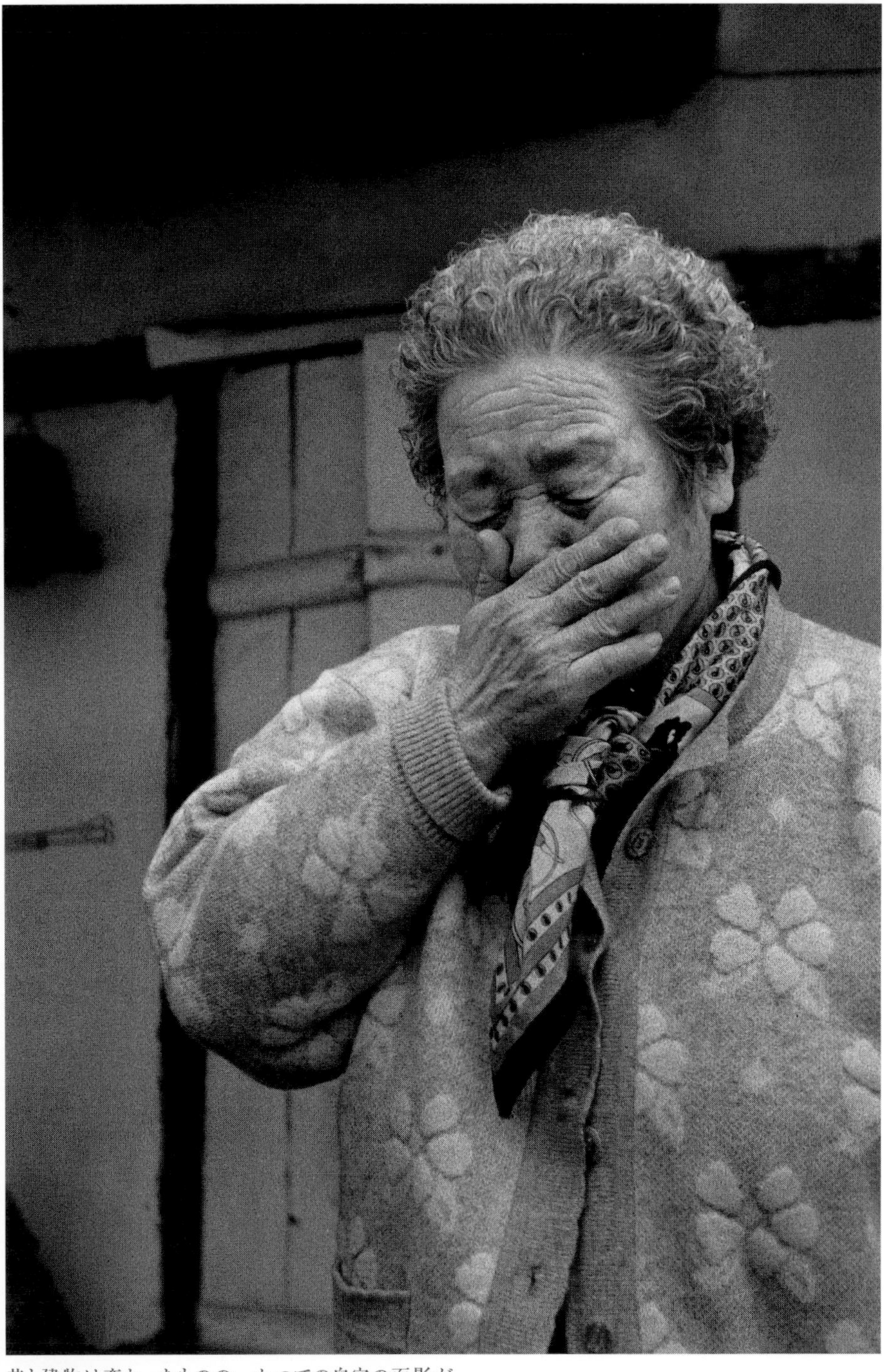

昔と建物は変わったものの、かつての自宅の面影が
いくつも残っていた。それを見つけるたびに涙を流した。

中から出てきた5～6人の女の子たちを捕まえて乗せたのです。私よりも少し若い女の子たちでした。連れて行かれる途中では、食べ物もほとんど与えられませんでした。ある日、姉だけが別の場所へ連れて行かれ、戻って来るとすごく泣いていました。

私たちは船に乗せられて海を渡りました。私は必死に抵抗しました。そして20人ずつに分けられることになり、姉とは別の集団に入れられたのです。ですが、姉と別のトラックに乗せられてしまいました。それ以来、姉の行方はわからないのです。今でも、この時のようすは忘れられません」

日本兵に姉を奪われたことは、沈さんの心に深い傷として残っているようだ。

「日本人を煮て食べたとしても怒りはおさまらない。姉を返してくれれば日本に何も求めない」と語る。私は思わずたじろいだ。無表情に淡々と話す内容が、あまりにも激しい日本への怒りだったからである。

「慰安所」での生活については次のようである。

「着いてからは洗濯と炊事をさせられ、数日後に大勢の兵隊に犯されたのです。気がついたら病院でしたがすぐに戻されました。文字を知らない私は、他の女性たちよりも兵隊に殴られたのです。慰安所の周辺には山が多いために寒く、2～3年すると体がボロボロになりました。食事の量は少なく、私たちを犯す兵隊たちの方もすごくやせていて、骨と皮の状態だったのです。若い兵隊ばかりだったので同情さえしました」

＊

沈さんは、先を急ぐようにして先ほど歩いてきた道を戻り始めた。現場から一番近く、橋を越えてすぐの家に、昔からここに住んでいるお爺さんがいると聞いていたからだ。

◀（上）拉致現場の近くに住む朴佑東さん。
（下）かつての沈達連さん宅の近くに住む朴魯仁さん。

現れた二人の証人

朴佑東《パクウトン》さん（1913年生まれ）の家までは、拉致現場からおよそ200メートル。庭につながれている犬が私たちに吠え続ける。傘を持って来なかったので体はすっかり濡れ、寒くなってきた。20キログラム近い撮影機材がさらに重く感じる。いきなり訪ねた私たちに、「家に上がれ」と朴さんは言ってくれた。この家で生まれたという彼は、沈さんの父親を覚えていた。

「沈次道さんはよく知っていますよ。『娘たちが日本兵に連れて行かれた』と彼から聞きました。悲しそうな表情でその話をして、ため息をついていました。彼の娘たちが連れて行かれた後、『連行された娘がいるので気をつけるように』という話が、この枝川面の中を伝わりました」

沈さん姉妹が拉致されたことを知っている人がいたのだ。これほど早く見つけ出せるとは思っていなかった。拉致現場の近くには見聞きした人が必ずいるはず、という私の予想は正しかったのだ。沈さんは、証言してくれた朴佑東さんにお礼の言葉を繰り返し、握った手をいつまでも離そうとしない。

＊

次に、先ほど沈さんの家を教えてくれた朴魯仁さんを再び訪ねることにした。沈さん姉妹について、彼はもっと知っているのではと思ったからだ。庭から声をかけると、彼は待ち構えていたかのように私たちを家の中に招き入れた。私たちが訪ねた先ほどのことを、「面倒なので最初は知らないと言おうと思ったが、話が慰安婦のことだったので応対した」と言う。彼は、軍属として連れて行かれた沖縄で朝鮮人「慰安婦」たちを見ており、彼女たちのつらさを知っているからだという。しかも、私たちが沈さんの家に向かった後、自分が知っていることを話したくて、私たちを捜しに

28
신옥당

行こうとさえしたというのだ。彼は思い出したことを次々と話し出した。

「沈次道さんから、『娘たちが急にいなくなったが、日本へと連れて行かれたらしい』と聞きました。私が沖縄に出発したのは1942年ですが、その1年ほど前に聞いた話です。連れて行かれたお姉さんとは、彼女の家で一緒に遊んだことがありますよ。蘭玉《ナノク》さんはきれいで歌が上手でした」

沈さんの姉の名前は「蘭玉」だというのだ。沈さんは、いつも姉のことを思いながらも、どうしても名前を思い出せずにいた。それがついに分かったのである。

そして朴魯仁さんは、「連行された娘は、この枝川面では沈さん姉妹しか知らないが、隣の東明《トンミョン》面から連れて行かれた人がいると聞いたことがある」と言う。その女性が誰のことなのか、私はすぐに分かった。友だちと遊んでいて4人の日本兵に捕まり、フィリピンに連行された金粉先《キムブンスン》さんである。今日も朝から沈さんの家に来ていて、私たちがタクシーで出発するまで一緒にいた。

「強制連行否定の日本人を殺したい」

私たちが大邱市内に戻った時にはすっかり暗くなっていた。雨はまだ降り続いている。食堂に入り、オンドルの少しでも温かそうな場所に座った。

「昔の場所を捜すことができたので、すごく良い気分です。しかも自分のことを知っている人にまで会えてうれしかったです。ありがとうございました」

沈さんは安堵の表情だった。日本軍によって奪われた過去の、重要な部分を取り戻すことができたからだ。今回の取材の結果、私は確信した。他の強制連行された被害女性たちの場合も、その現場をともに訪ねて調査すれば、彼女たちの話を裏づける証人たちが必ず見つかると。

＊

慶尚北道の義城郡義城邑《イソングン イソンウプ》で徴兵され、広島の「8876部隊」で被爆した金興鉄《キムフンジュ》さんは、自分の邑[*2]から女性が連行されるのを目撃している。「1943年の入隊前、邑事務所の書記たちがこの邑に住んでいる女性を連れていくのを見たのです。その後ろを、娘の家族たちが泣きながら歩いていました。解放後、私が故郷に帰るとその女性も戻っており、住民たちは彼女を『パラオ』と呼んでいました。連行先がパラオだったからです」

金さんは、「女性たちへの強制連行を否定している日本人たちを日本まで行って殺したい気持ちだ」と何度も繰り返した。日本によって労働者・兵士・「慰安婦」として強制連行され、そのために帰国後も苦しんできた人たちにとって、歴史的事実を歪曲しようとする「自由主義史観」グループの言動は絶対に許せないのである。

＊1　ソウル（日本支配下では「京城」）と釜山を結ぶ鉄道。一九〇五年に日本が全線開通させ、日本による朝鮮支配・中国侵略のための大動脈となった。
＊2　日本による支配下の朝鮮で、「郡」の下に置かれた地方行政区画。日本の「町」に相当する。

（『週刊金曜日』1997年5月16日号）

［追記］

沈達連さんは、2010年12月5日に逝去されました。享年83歳。

この取材は、「自由主義史観」グループによる日本軍性奴隷被害者を軍や官憲が強制連行した確証はないとの主張に対し、日本軍によって拉致された被害女性がいることを明らかにするために行いました。この英文「IN SEARCH OF LOST MEMORY」は http://www.jca.apc.org/~earth/sub11.htm で読むことができます。

◀帰国後は刺繍をして生活してきた。自宅を訪ねるたびに、新しく作ったものを自慢げに見せてくれた。

日本への恨《ハン》、戦争への恨《ハン》

「慰安婦」だったことを恥だとは思わない。そうさせた日本が悪いのだから。

沈美子《シムミジャ》（以下、美子とする）が暮らしてきたのはソウル市の南側に隣接する京畿道城南市《キョンギドソンナムシ》。起伏の多い地形に高層アパートが次々と建てられている。私が初めて美子の家を訪ねたのは1992年4月21日。朝から冷たい雨が降り、平屋で古ぼけた家の中は、ガランとしていて寒かった。私は美子よりも前に、日本軍によって性奴隷（日本軍「慰安婦」。以下、お婆さんという意味のハルモニとする）にされた二人の女性と会っている。美子の私への対応は、その女性たちとは大きく異なっていた。91年10月、ソウル市にある「韓国挺身隊問題対策協議会（挺対協）」で金学順《キムハクスン》の話を聞いた。12月には、ビルマの「慰安所」へ連行された文玉珠《ムンオクチュ》と大邱市《テグシ》で会った。彼女たちは、日本軍から受けた残忍な仕打ちを静かな口調で語った。

ところが美子は、自分の体験を少し話すと、「今の話をどう思うか?」と厳しい口調で私に聞くのだ。それに答えないと先に進まないのである。これが延々と続いた。私が美子を取材しているのではなく、日本が朝鮮で行なったことに対する私の認識を美子が問いただしているのだ。

美子が日本人に不信感を持ち、私を強く警戒しているのは明らかである。日本人を「イルボンサラム」と言わずに、「チョッパリ」という日本人を侮蔑した言葉を盛んに使う。被害女性として名

乗り出てから、自らの体験を日本人に話すのはこの日が初めてなのだ。

美子から厳しい対応をされ、ハルモニたちの計り知れない日本への怒りと恨みの深さを改めて痛感させられた。結局この日は、十分な話が聞けないまま夕方になってしまった。小雨が降る中で、険しい表情をしている美子を家の前で撮影し、逃げるようにしてホテルへ戻った。

闘いと動揺

91年10月のある日、美子はいつものようにラジオを聞きながら刺繍をしていた。美子にとって忌まわしい過去を思い出させる刺繍ではあるが、それに頼って生計を立てるしかなかった。ラジオから流れたニュースに美子は驚いた。

「従軍慰安婦は民間業者が連れ歩いたもので日本軍は関与していない、と日本政府が主張している」というのだ。

「私は日本の警察官に連行され、日本軍の部隊で兵隊の相手をさせられた。こんな嘘は許せない！」

そう思った美子は、すぐに放送局へ電話をした。この時から美子の長い闘いが始まった。

日本軍によって性奴隷にされた女性たちへの取材は、私が日本人であること、男性であることが鋭く問われる。自らは加担していなくても、自分の国が行なった加害に対してその責任から逃れられない。美子への取材でこのことがよく分かった私は、どんなに厳しい対応をされようとも、ハルモニたちと正面から向き合おうと決意した。

私はひんぱんに韓国へ行き、ハルモニたちを次々と訪ねた。集会やデモの場には美子の姿がいつもあった。カメラを向けると、「また撮るのか！」と必ずといってよいほど嫌な顔をした。その美

「私たちの被害を教科書に載せろ!」と、ほかの被害女性たちとともに日本大使館に抗議した。

子が、やがて自由に撮らせてくれるようになる。田舎で暮らすハルモニの家まで案内してくれた時は本当にうれしかった。少しは信用されるようになったのである。

「私は日本軍の『慰安婦』だったことを恥だとは思っていません。そうさせた日本が悪いのであって、私は何も悪くないからです」

この言葉を美子から何度も聞かされた。私は、自分が出す本の表紙に美子の写真を使うことにした。[*1] たくさんの赤いバラが刺繍された屏風を背景にし、赤と白の美しいチマ・チョゴリで身を包んで穏やかな表情をした美子を撮影した。死ぬまで逃れることのできない被害の傷跡を背負わされながらも、前向きで積極的に生きようとする美子を、思い切り美しく撮りたいと思ったからだ。

92年5月、「挺対協」は性奴隷にされた被害者16人を集めた。そして、「挺対協」の傘

下団体として被害者団体「ムグンファ（ムクゲ）姉妹会」の結成を提案。投票によって美子が会長、金学順が総務に選ばれた。この会には最終的に六一人が登録。美子は運動の先頭に立って精力的に活動をした。裁判や証言集会のために日本へ行った回数は二十数回にも及んだ。

美子は「女性のためのアジア平和国民基金（基金）」反対運動[*2]の急先鋒だった。ソウル市の日本大使館前での水曜デモでは、「日本の民間から集めたお金をもらえば、体を売ったことと同じになる」とマイクで訴えていた。つまり、日本政府ではなく民間人が出した金を受け取るならば、身を売って金を得た「娼婦」と同じことになるというのだ。

ところが、美子を批判する日本国内での声が、私の耳にたびたび届くようになった。「挺対協」と軋轢を起こしているだけではなく、「基金」を受け入れようとしている、というのだ。

「ムグンファ姉妹会」は、1年間ほど活動した頃から「挺対協」と意見が合わないことが増えるようになる。その理由を美子は次のように言う。

「『ハルモニたちに渡して欲しい』と寄せられたお金を、『挺対協』は自分たちの活動に使っている、とハルモニたちが不満を爆発させたからです」

94年5月頃、美子と金学順が「会をやめる」と宣言したことで「ムグンファ姉妹会」は活動を停止。それに代わり、「挺対協」から離れたところで美子が中心になって「ムグンファ親睦会」が組織された。

美子とも親しく、元漢陽《ハンヤン》大学教授で歴史学者の朴賢緒《パクヒョンソ》は、ハルモニたちの心理について次のように語る。

「心に深い傷を持ち、社会の最底辺で生活してきたハルモニたちは、何事にも疑心暗鬼になってしまいます。沈美子さんは、他のハルモニよりも教育を受けていますが、虐げられてきた者として本能的に行動してしまうんですよ」

ハルモニたちについての情報を「挺対協」を通して得てきた日本の戦後補償市民団体の多くは、次第に美子を日本に呼ばなくなった。

「ムグンファ親睦会」には33人のハルモニが参加した。その中には「アジア女性基金」から「償い金」を受け取ったことが明らかになっている10人も含まれている。

日本で韓国のハルモニたちを支援してきたある女性は、「受け取った人たちがいる会の代表をしている沈美子が、償い金を受け取っていないはずがない」と断言する。

「基金」はハルモニたちに「償い金」を受け取らせるため、「基金」の事務局・役員だけでなく「基金」の支持者を通してもしつような働きかけをした。

美子が夜中に電話をかけてきた。美子は早い時間に寝てしまうので、こんなことは今までになかった。「受け取るかどうか迷っている」というのだ。あれほど確固としていた美子の気持ちが揺れ動いているのに私は驚いた。身近なハルモニたちが次々と「償い金」受け取りへと傾き、そのハルモニたちから一緒に受け取るようにと言われているのがつらいようだ。

「日本が『償い金』を出すことに私は絶対反対だが、受け取るかどうかはハルモニ自身が判断すべきこと」と私は伝えた。

補償の代わりの「償い金」構想を村山富市政権が出した時、補償を求めて強力な運動をしてきたハルモニたちに大きな混乱を起こす、と私は指摘した。結果はそのようになった。ハルモニたちの中での反目や仲間はずれが起きた。ハルモニたちと日本の市民団体との間に亀裂ができた。「償い金」を受け取ったあるハルモニは、「今まで日本からたくさんの人が訪ねて来てくれたのに、受け取ってからは誰も来なくなった。それが悲しくてたまらない」と泣きじゃくった。

韓国での「償い金」支払い事業は2002年5月1日に終了。[*3] 結局、約30人のハルモニが「償い金」を受け取ったという。盛んな働きかけを受けたにもかかわらず、美子は受け取りを拒否した。筋を通した生き方を最後まで貫くことにしたのである。

独立運動に資金援助

美子が歩んできた今までの足跡については、数十回も会った中ですべて聞いたつもりでいた。ところが2001年4月に自宅を訪ねた時、美子は私の知らない過去を語った。

『時代人物』という韓国で出版されている月刊誌の90年5月号に、「恥辱と絶望の人生を克服し国の独立を願って生きる　沈美子さん」という5ページの記事が掲載されている。この中で美子は、日本軍の性奴隷にされたことを明らかにしていた。

韓国では、日本軍の性奴隷にされたことを自ら進んで最初に明らかにしたのは金学順、ということになっている。金学順が名乗り出たのは91年8月なので、美子の方が先だったことになる。記事が出た時は、「挺対協」結成の90年11月より前だったので、この重要な話に関心が持たれなかったのだろう。

この記事には、驚くべきことが他にも書かれている。美子は、日本各地で「慰安婦」をさせられている時に、日本で活動していた朝鮮独立運動家へ資金援助を続けていたというのだ。

美子が最初にいた福岡の部隊に、説教をするために朝鮮人の僧侶がやってきた。「独立運動を助けて欲しい。そうすればあなたも、故郷へ早く戻ることができる」という話に美子の気持ちが動いた。

「知られたら殺されると思ったけれど、お母さんに会いたくて手伝うことにしました。眠気をこらえて夜中に毛糸の腹巻を編み、それを兵隊たちに売って金を作ったんです」

記事を見せられても、にわかには信じられない話である。考え込んでいる私の前に、美子はたくさんの書類を広げた。

福岡と沖縄の部隊の中で、美子は朝鮮人の軍属たちと親しくなった。美子が作った金を、彼らが独立運動家へと運んだ。45年8月の解放後も日本に残った3人の韓国人が、「独立有功者」として美子を認定してもらうための申請を、韓国政府「国家報勲所」へ88年に行なった。結局、申請が遅すぎたという理由で認められなかったが、「大韓民国居留民団滋賀県地方本部」の公印が押された文書を含む申請書類や、「国家報勲所」から届いた書類が美子の手元に多数残っている。

91年に名乗り出てから、これらのことは誰にも話していないと美子は言う。「どうしてこれほど重要なことを黙っていたのか」と私が聞くと、「こんなことはどうでもよい」という。何と欲のない人だろうとあきれた。「慰安婦」をさせられながらも独立運動に貢献し、被害女性として韓国で最初に名乗り出ていたとなれば韓国では英雄ではないか。美子が多くの人に知ってもらいたい自分の過去は、日本軍によって受けた被害であって自慢話ではないのである。

被害者としての過去の清算

「私が死んだ時にも来てくれますか」と美子に言われたことがある。97年12月16日に死亡した金学順の葬儀の時だった。

日本軍から自分と同じ被害を受け、名乗り出てからは日本政府に対して共に闘い、時には一緒に楽しく遊んだ仲間たちが次々と死んでいく。次は自分の番かもしれないのだ。葬儀の途中から、美子は苦しそうな表情をし始めた。心臓の鼓動が異常に激しくなったという。その場から病院へ行った美子は、そのまま入院させられた。

韓国政府の援助により、ハルモニたちの生活は大きく改善された。暗くて狭い穴倉のような部屋で暮らす人はいなくなった。だが日本政府は、彼女たちが納得するような謝罪をせず、補償をかたくなに拒んでいる。恨《ハン》を解き放つことができないまま、ハルモニたちは次々と最期を迎えている。自分の死を覚悟した美子は、被害者としての立場から自らの過去の清算を始めた。

美子は結婚をしなかった。「性病治療の注射をたくさん打ったので、結婚しても子どもは生まれないと思ったからです」という。ところが、そんな美子に「子ども」がいる。

「慰安所で、対馬出身の鈴木という憲兵大尉と知り合いました。私は日本語の読み書きができたので、性病にかかった兵隊たちへの注射などの仕事を頼まれたんです。解放後、福岡にあった運動靴のゴム底を貼る工場で働いている時、鈴木が四歳の女の子を連れてやってきました。私の性病を

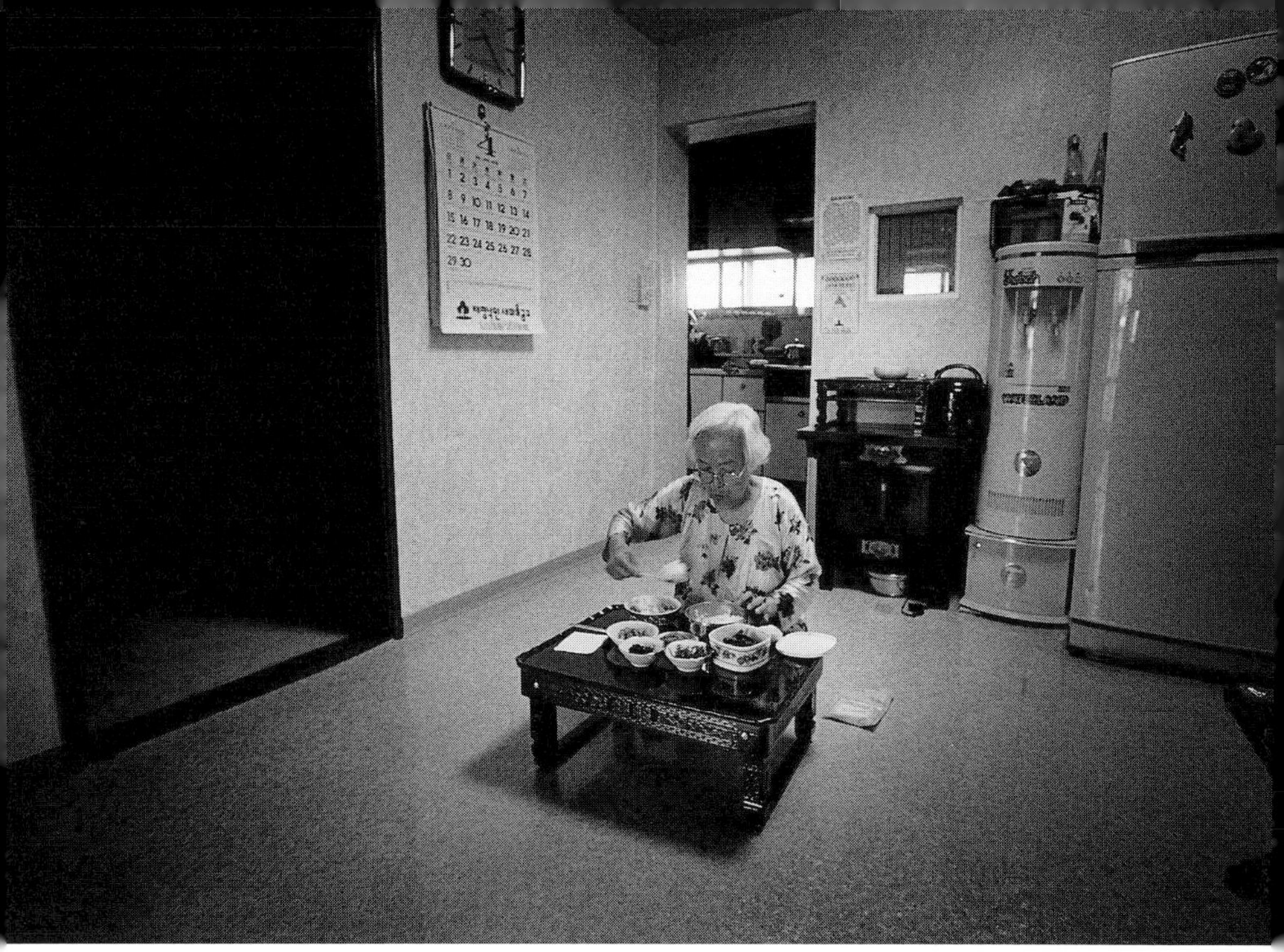

「過去を打ち明けたこととは関係ない」と美子は言うが、
近所で暮らしていた「娘」一家は釜山へ移転して行った。

治すためのお金をくれただけでなく、バラックを買ってくれたんです。それは、鈴木が『妾』に生ませた子どもを私に世話をしてもらうためでした。私は帰国する時、8歳になったその子を韓国に連れて帰ることにしました」

その理由を美子は、「すっかり情が移っていたから」と言う。だが、そんな単純なことだけではないと私は思う。

「慰安所」という地獄のような状況に投げ込まれた少女が、哀れみをかけてくれる特定の日本兵を好きになっても不思議ではない。日本による加害を厳しく糾弾している美子にとって明らかにしたくないことかもしれないが、優しく対応してくれた鈴木に美子は恋愛感情を持った。敗戦によって美子は自由になり新しい生活を始めたが、鈴木への気持ちは変わらなかった。鈴木の子を引き取ることは、美子の積極的な意思だったのだろう。

美子が韓国へ連れて行ったその女の子は、まったく話せなかった韓国語をすぐに覚えた。自らの出生についてほとんど知らないまま「韓国人」として育ち、結婚して二人の子どもを生んだ。美子は日本に謝罪と補償を求める運動の先頭に立ち、韓国の新聞やテレビに盛んに登場した。日本にも頻繁に出かけた。ところが「娘」と「孫」には、何も話をしていなかった。

99年5月、私を取り上げたテレビのドキュメンタリー番組*4の撮影で、私は撮影スタッフをともなって久しぶりに美子の家を訪れた。

昼食の時間になり、美子から呼ばれてその場にいた「孫」の男性も含め、全員で食堂へ行った。食事を終えたところで、美子はいきなり自分の過去を「孫」に話し始めたのである。日本軍の性奴隷にされたこと、「娘」とは血のつながりはないこと——。「孫」の顔には、受けた衝撃がありありと現れていた。

私は、テレビ局と一緒に訪ねたことが美子の「告白」に影響したのではないかと思い、「なぜこのような場所で『孫』に話をしたのか」と問いただした。すると美子は、「自分の『娘』や『孫』の秘密をすべて知っている人が一緒の時に話したかった」と答えた。「孫」に打ち明けるため、私が訪ねて来るのを待ち構えていたのだ。

それから2カ月後、美子は「娘」にも同じ話をした。「娘」は驚き、「今ごろになってどうしてそんな話をするのですか。最後まで言わないで欲しかった」と怒ったという。

「聞きたくなくても、自分の出生について知っておくべきです。もちろん、話したことを後悔はしていません」と美子はきっぱりと語った。過去をきちんと清算した上で死を迎えようとしている美子にとって、どうしても話しておかなければならなかったのだ。

実は、美子が育てた子どもはほかに二人いる。帰国してすぐの頃、近所に住む夫婦が別れることになって子どもを孤児院に入れようとしていた。美子は、生まれて6カ月のその男の子を養子として引き取り、大学に行かせて結婚するまで面倒をみた。

もう一人は、親に捨てられた女の子。日本から連れ帰り9歳になった「娘」が、道で泣いていた5歳の女の子を家に連れ帰った。美子は、その子が19歳で結婚するまで育てた。つまり、自分が生んでいない3人の子どもを育て上げたのである。このことで、99年には城南市から表彰を受けている。

「私には大きな目標があるから、財産はあげられない」と美子は「子ども」たちに言い渡している。美子は何年も前から私に、「歴史資料館を造るからその時は協力して欲しい」と言っていた。自分に関する展示もするが、日本が行なったアジアへの侵略の全体像がわかる資料館にしたいという。美子は全財産をこの建設につぎ込もうとしている。住んでいたアパートもすでに売った。

「私の考えは変わりました。名乗り出てから10年近くは、日本にお金を要求してきました。いつ死ぬかわからない歳になったので、お金はもう欲しくないんですよ。戦争があると女たちが犠牲になります。日本と韓国の子どもたちに、歴史教育をきちんとすることをいちばん望んでいます」

美子は自分の人生を振り返り、「とてもがんばって生きてきました」と語った。この歴史資料館の建設は、そうした美子が最後に行なうのにふさわしい仕事だと私は思う。

「もう10年になるねえ」と美子が言った。私が美子の家を初めて訪ねてからの歳月のことだ。私は久しぶりに美子の顔を撮りたくなった。ファインダーいっぱいに映った美子は、実に穏やかで晴れ晴れとした顔をしている。(文中敬称略)

＊1　拙著『証言　従軍慰安婦・女子勤労挺身隊』(風媒社、1992年)。

＊2　98年5月、事業反対の声に動かされた韓国政府は「基金」による「償い金」支給を封じるために、ハルモニたちへ支援金を支給した。

＊3　民間から約5億6500万円の募金を集め、フィリピン・韓国・台湾の性奴隷被害者285人へ「償い金」支給などの事業をした。

＊4　東海テレビ放送が制作し、1999年9月にフジテレビ系列で放送された「長き時間の果てに」。

(『週刊金曜日』2002年10月11日号「シリーズ個に生きる⑧」)

[追記]

沈美子さんは、2008年2月27日に逝去されました。享年84歳。

朝鮮で暮らす性奴隷被害者たち

計り知れぬ苦悩の果てに語られた過去

最初に名乗り出た李京生さん

朝鮮民主主義人民共和国（朝鮮）で、日本による朝鮮支配で被害を受けた多くの人を取材した。その中で、私が大きな衝撃を受けたのは日本軍によって性奴隷にされた女性たちである。彼女たちは正視できないほどひどい傷痕を肉体に残しているだけでなく、心に深い傷を負っていた。

「日本による過酷な支配から祖国は解放された。だが、被害者としての過去は、どんなことがあろうと夫にも知られないよう隠し続けなければならない――」。そうした思いの女性たちが、日本軍によって性奴隷にされた過去を次々と明らかにした。決断するのには、計り知れないほどの苦悩と勇気が必要だっただろう。

１９９１年8月14日、韓国人女性の金学順《キムハクスン》さんが、日本軍から受けた体験を自ら進んで公表した。闇の中に葬り去られようとしていた日本軍の「従軍慰安婦制度」という日本の重大な負の歴史が、この時から一気に明らかになった。フィリピンではマリア・ロサ・ヘンソンさん、インドネシアではマルディエムさんがそれぞれの国で最初に名乗り出た。

◀平壌市（ピョンヤンシ）を流れる大同江（テドンガン）のほとりの李京生さん。

朝鮮では李京生《リギョンセン》さんが最初の人となった。「過去を明らかにして楽になりたいと思い、何日も考えた末にテレビ局へ連絡しました」と語る。

李京生さんは、1917年6月29日に咸鏡北道《ハンギョンプクド》漁郎郡《オラングン》の貧しい小作農家で生まれた。一人っ子だった。3歳の時、両親は伝染病で次々と亡くなってしまう。彼女を引き取ったお祖母さんも3年後に亡くなる。それからは乞食をするしかなかった。家々を回って食べ物をもらい、倉庫や積み上げられたワラの中に潜り込んで寝泊まりをした。このような生活を2年間ほどした時、それを見かねたお年寄りが、鄭《チョン》という名の地主の家で働くように世話をしてくれる。

冷えたご飯を与えられ、倉庫のような場所で寝た。仕事は子守と掃除に水汲みだった。大きな水瓶を頭に乗せて運ぶのが大変で、落として瓶を割ると二日間も食事が与えられなかった。

このつらい生活を4年間した1929年12月頃のある日のこと。自分の部屋にいた李さんは、庭が騒々しいのでのぞいて見た。刀を下げた3人の憲兵を区長が連れて来ていた。そして、自分の部屋を指さしているのだ。「苦労しているので工場で働かせてやる」と区長に言われ、門の所に停まっていたトラックに無理やり乗せられた。夜だったのでトラックの中は暗かった。「荷物が積んである」と思ったが、それは縛られた4人の女性だった。

連れて行かれたのは、慶尚南道《キョンサンナムド》昌原《チャンウォン》の山中に造られた工場。後になって、火薬や手榴弾を作る軍需工場とわかった。女性たちは工場の敷地内の建物に入れられる。同じ形をした木造平屋の建物5棟が並び、その中は小さな部屋に仕切られていた。すでにたくさんの女性が入っていて、李さんよりみんな年上だった。慶尚道の女性もいた。李さんが入れられた部屋は「8号室」。日本人の看護師に、着ている物をすべて脱ぐように言われ、浴衣を着せられた。そして、朝鮮語を使わないよ

うにと命じられた。
翌朝、麦と豆を混ぜたにぎり飯一つとタクワンが与えられた。食べずにいると、陸軍の軍服を着た日本人将校が部屋に入って来て、「天皇のために身を捧げるのなら良い待遇をしてやるが、言うことを聞かないと殺す！」と言った。その日から、工場で仕事をするのではなく、将校の手足を洗ったり爪を切ったりといった身の回りの世話をさせられた。
二十日ほどした時、工場の広場に女性たちは一列に整列させられる。将校たちは、その中から女性を選んで列から引っ張り出した。その日の夜、李さんは「トウゴウ」という名の将校に強姦された。李さんの体は小柄で、まだ12歳だった。膣は引き裂かれ、部屋の中は血だらけになる。翌朝、軍医と看護師が治療をしてくれたが、将校は毎晩のように襲ってきた。
何週間かすると、将校に代わって兵隊たちが来るようになった。一晩に10～20人。日曜日にはさらに多くの兵隊が来たので、気絶することもあった。コンドームを使うことになっていたが、そうしない兵隊もいた。軍医による性病の検診が週1回あり、「六〇六号」という性病（梅毒）治療の注射を受けた。

この「軍慰安所」には二十数人の女性がいた。慶尚北道《キョンサンプクド》安東《アンドン》から連行されて来た18歳の女性は、あまりにも多くの兵隊の相手をさせられるので、噛みついたりして強く反抗した。すると裸にされ、絞めたニワトリのように足を縛られて電柱に逆さ吊りにされた。1日たつと彼女は死にかかっていたが、「言いなりになるくらいなら死んだほうがましだ」と言った。それを聞いた兵隊たちは彼女をなぶり殺しにし、首・腕・足・胴とバラバラに切断したのである。

この一部始終を見せられていた李さんたちは泣き叫んだ。気絶すると兵隊たちに無理やり起こされ、「はっきり見ろ！　言うことを聞かないとこうなるぞ」と言われた。女性の死体は叺《かます》（ワラで編んだ大きな袋）に詰められ、工場近くを流れる大きくて深い川に投げ捨てられた。抵抗したために殺された女性は他にも何人かいた。

1933年の1月に生理が始まる。15歳だった。3月になって李さんの妊娠に気づいた将校は、軍医にそれを確認させた。そして李さんに「天皇に忠誠を尽くさない朝鮮人の子どもはいらないが、お前はまだ使い物になる」と言った。そして妊娠3カ月の時、子宮ごと胎児を取り出す手術を工場内の病院で受けさせたのである。手術の際、軍医の他に一人の看護師がいたことと、背中に注射を打たれて全身麻酔をかけられたのを覚えている。取り出された胎児は日本刀で切り刻まれ、バラバラにされた女性が投げ込まれたのと同じ川に捨てられた。軍医は手術の傷口を治療してくれたが、「それは少しでも早く兵隊の相手を再びさせるためでした」と李さんは言う。5月中旬から元の生活に戻った。

李さんは、同じ故郷から来た4人の女性と、ここから逃げ出す計画を立てた。将校は、李さんたちの部屋で飲み食いをすると残った酒を置いていった。それを少しずつ瓶に貯め、便所近くの土の中に隠した。そうして作った3本の酒で、歩哨たちを酔わせることにしたのだ。

将校は土曜日と日曜日には家族の元に帰るので、その時を狙って計画を実行。それは8月か9月だった。最初は、歩哨たちに怒鳴られて追い返された。3回目に声をかけた時、「酒を持って来い」と言われた。将校と違って、兵隊は思うように酒が飲めなかったのでこの作戦は成功した。鉄条網の下を掘って外へ出ると、彼女たちは分かれて逃げた。李さんは、山奥を目指そうと電線のない方へと向かった。運良く老夫婦にかくまわれたが、日本の朝鮮支配が終わった1945年8月15日まで、常に追手におびえながらの生活だった。

「日本によって子どもを生めない体にされ、80歳を過ぎて頼る人もなく、さびしく一人暮らしをしています。寝ていると過去を思い出して涙が出ます」

だまされて「慰安婦」に

付き添いの妹に支えられながら辛うじて立っている庾善玉《ユソンオク》さんのお腹には、臍の上から下までの大きくて古い傷痕があった。李京生さんと同じように、軍医が子宮ごと胎児を取り出した手術の痕だというのだ。

庾さんは、1923年9月6日に朝鮮半島の北端、咸鏡北道慶興郡《キョンフングン》（現在は恩徳郡《ウンドクグン》）で生まれた。ちょうど朝鮮が、中国・ソ連と国境を接している場所である。農家といってもヒエを食べ、何とか暮らしているという極貧生活だった。そのため、突然現れた「ミヤモト」が持ってきた工場での仕事話に庾さんは応じた。

他の二人の少女と共に連れて行かれたのは、中国東北地方の牡丹江だった。3×1・5メートル

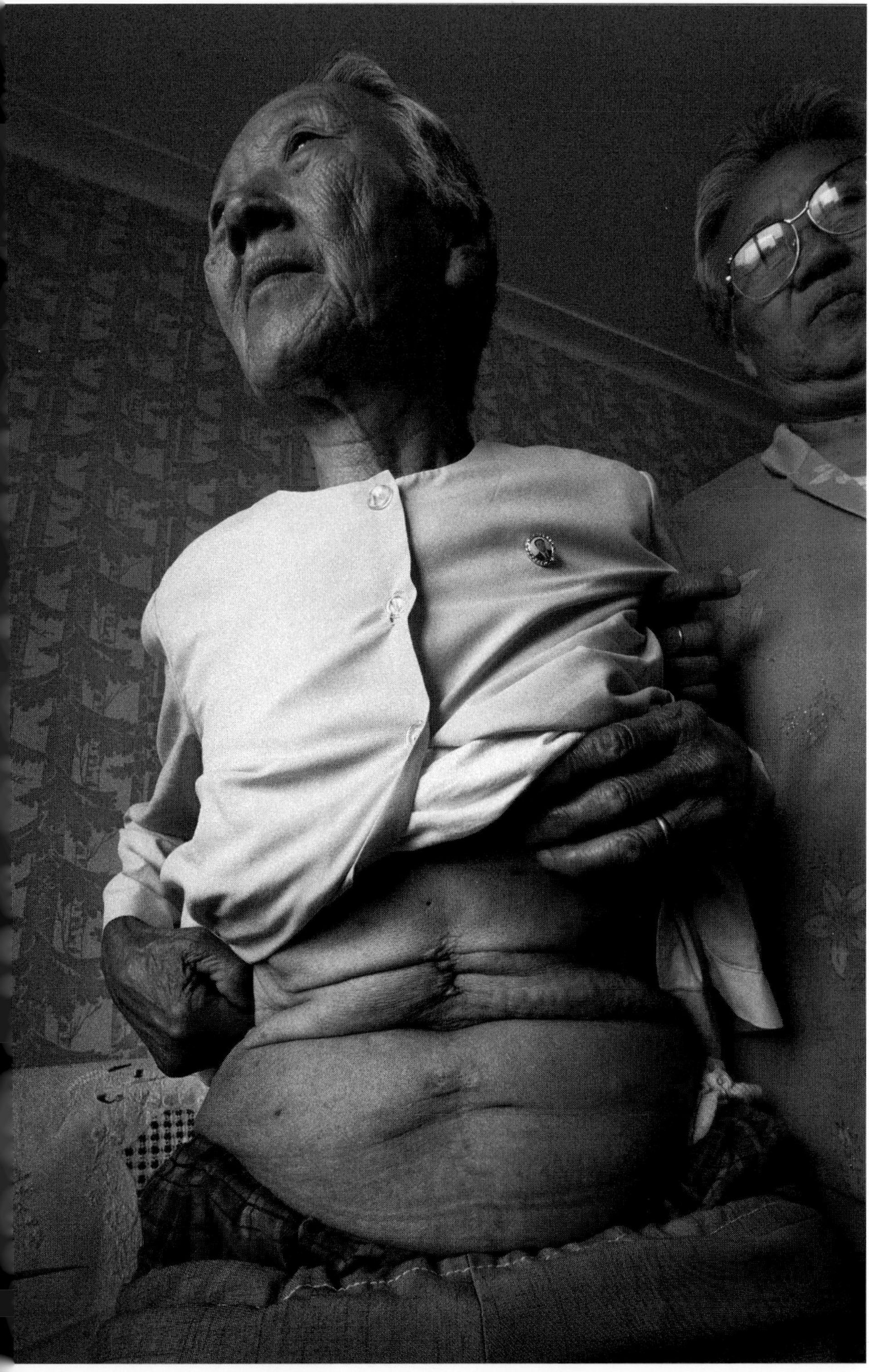

庾善玉さんのお腹に残る大きくて古い傷痕。

ほどの部屋に入れられ、「タケコ」という名を付けられる。「ついて来たのは間違いだった」と思ったものの、もはや遅かった。

最初のうちは1日5~6人だったが、多い時には15人もの兵隊の相手をさせられた。気絶しても、気がつくと再び兵隊たちは襲ってきた。そして、不幸なことに妊娠してしまう。堕胎と再び妊娠しないために、胎児の入った子宮を切り取られた。傷口がふさがると、兵隊たちの相手をすぐにさせられたという。

つぶやくような小さな声でここまで体験を話した庾さんは、「震えるような憎しみを今でも感じています。子どもを生めなくした日本に、復響することばかり考えて生きてきました。その時の兵隊たちを見つけたら刺し殺したい!」と言うと、それからは私の質問にもほとんど答えなくなった。日本人など見たくもない、という気持ちがありありと現れている。庾さんが1997年12月になって名乗り出たのは、夫が亡くなったからだという。

全身に残る刺青

のぞいていたビデオカメラのファインダーの中で、ソファーから立ち上がった鄭玉順《チョンオクスン》さんがこちらへやって来るのが見えた。椅子に腰掛けている私の腕をつかみ、怒鳴るように大きな声で話し続ける。目の前にいる日本人が、自分に虐待の限りをつくした日本兵と重なって見えたのだろう。

日本軍によって性奴隷にされた女性たちの口からは、日本兵や日本人を罵る言葉が次々と飛び出す。彼女たちの私への態度からみると、日本人そのものに嫌悪感を持っているのは明らかだ。被爆・強制連行・軍人軍属などの被害者たちと比べ、日本軍の性奴隷にされた女性たちは長期間にわたって過酷な体験をさせられ、しかもその時の被害によって祖国解放後も苦しんできた。

鄭玉順さんは、咸鏡南道豊山郡把撥里《プンサングンパバルリ》で1920年12月28日に生まれた。

1933年6月3日、井戸で水を汲んでいたところ、いきなり後ろから髪の毛を強く引っ張られた。制服を着た3人の男に捕まり、連れて行かれたのは把撥里の駐在所だった。ここで汚い布を口に押し込まれて強姦される。抵抗したので目を強く殴られ、この時から左目が次第に見えなくなった。

そして十日後、7~8人の兵隊にトラックへ乗せられ、恵山《ヘサン》にあった日本軍の守備隊に連行された。恵山は中国東北地方との国境にあり、鄭さんの家から北北東に約50キロメートルの所である。ここには、大勢の女性たちが各地から集められていた。鄭さんは、1日に約40人もの兵隊の相手をさせられる時もあり、子宮からは血が流れ出した。

この年の8月27日、「1日で兵隊100人の相手ができるのは誰か」と刀を下げた兵隊が聞いた。その時に手を上げなかった15人の女性は、他の女性たちへの見せしめとして殺された。その方法は、裸にした女性たちの頭と足を兵隊たちがつかみ、一面に釘を打った板の上をゴロゴロと転がしたのだ。噴水のように血が噴きだし、釘には肉片がこびりついた。それを見ていた時の気持ちを、「天と地が逆さまになった」と鄭さんは表現した。

次に兵隊は、「言うことを聞かない者はまだいるか」と言って、釘の上を転がされて死んだ一人の女性の首を切り落とした。鄭さんたちが泣いているのを見た中隊長は、「慰安婦たちは肉を食っていないので、肉が食いたくて泣いているんだ」と言った。兵隊たちは、殺した女性の頭を釜で煮始めた。そして鄭さんたちを木刀で叩いて、無理やりその汁を飲ませたのである。

鄭さんはそこまで話をすると、この時に殺された女性たちの名前を指を折りながら一人ずつあげた。ケオリ、タノリ、ミョンスギ、ケチュニ、プンスギー。途中で分からなくなると最初からやり直した。それが終わると、「その守備隊の大隊長は『ニシハラ』、中隊長は『ヤマモト』で、小隊長は『カネヤマ』、慰安所の監督は朝鮮人の『朴』でした」と語った。鄭さんは日付や人名をくわしく覚えているなど記憶は実に鮮明だ。

１９３３年12月1日にはオ・チョンへという女性が、将校によって子宮に鉄の棒を押し込まれて殺された。翌年2月4日にはオ・ズンイという女性が、梅毒を将校にうつしたという理由で殺された。彼女は口に布を詰められ、焼いた鉄の棒を子宮に入れられて即死。引き抜いた棒には肉がこびりついていた。

日本軍のあまりにも残虐な行為を次々と聞かされ、私はすっかり気がめいった。質問もできず、大きなため息ばかりが出る。驚くべき話はまだ続く。

恵山の部隊は、女性たちを連れて中国へと移動。台湾とも近い所にしばらくいた後、１９３５年9月には広州に着く。市街地から12キロメートルほど離れた所の立派な建物に入れられた。

翌年6月15日に鄭さんを含めた12人の女性が逃亡したが、二日後に全員が捕まってしまう。「逃げようと最初に言ったのは誰か。それを言えば首謀者以外は助けてやる」と言われたものの全員が黙っていた。鄭さんは鉄の棒で頭をめった打ちにされた。この時の傷は今も残っている。忌まわしい体験を話すのに、彼女がおしゃれをするかのように薄い布を頭にかぶっているのに違和感を感じていたが、その理由がこれで分かった。

次に受けたのは水拷問。鄭さんの口にゴムホースが押し込まれ、水が注がれた。膨れ上がったお腹の上に板が乗せられ、兵隊がシーソーのように踏みつけた。鼻と口から水が吹き出し、これが何度か繰り返されて気を失った。

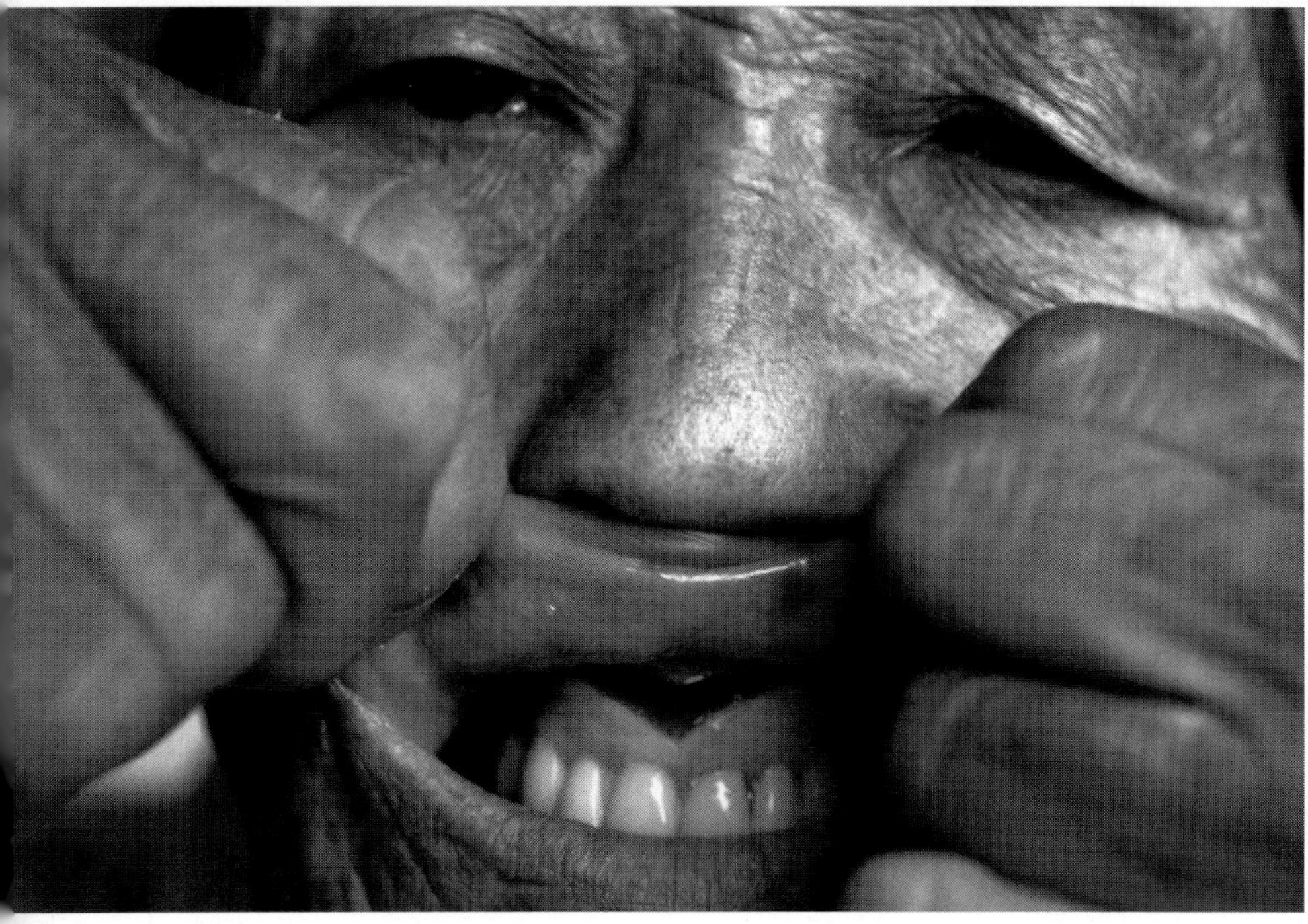

鄭玉順さんの唇の裏と舌には、濃紺の斑点が残る。

そして、さらに残忍な行為が行われた。鄭さんたちは、足首を縄で縛られて逆さに吊り下げられた。兵隊は、針がたくさんついた拳大の黒い塊を持って来てそれに墨を付けた。そして鄭さんや他の女性たちの口をこじ開けて強く押し込んだのである。鄭さんの前歯は折れ、激しい痛みで再び気を失った。

口だけでなく、全身に入れ墨が行われた。兵隊たちは女性たちを殺す前に、その肉体に落書きをしたのだ。馬車で運ばれて来た女性たちが、野原に捨てられるようすを中国人の男性が見ていた。彼は日本兵が立ち去ると息のあった二人の女性を運び出し、2カ月間ほど介抱をした。鄭さんは奇跡的に生き残ったのである。

入れ墨を見せてもらった。鄭さんが指でめくった唇の裏には、鮮明な濃紺の斑点がある。ぼやけてはいるが、舌にも青っぽい箇所がいくつかある。たくさんの針を舌に刺されたので、それからは話をすることも困難になり、

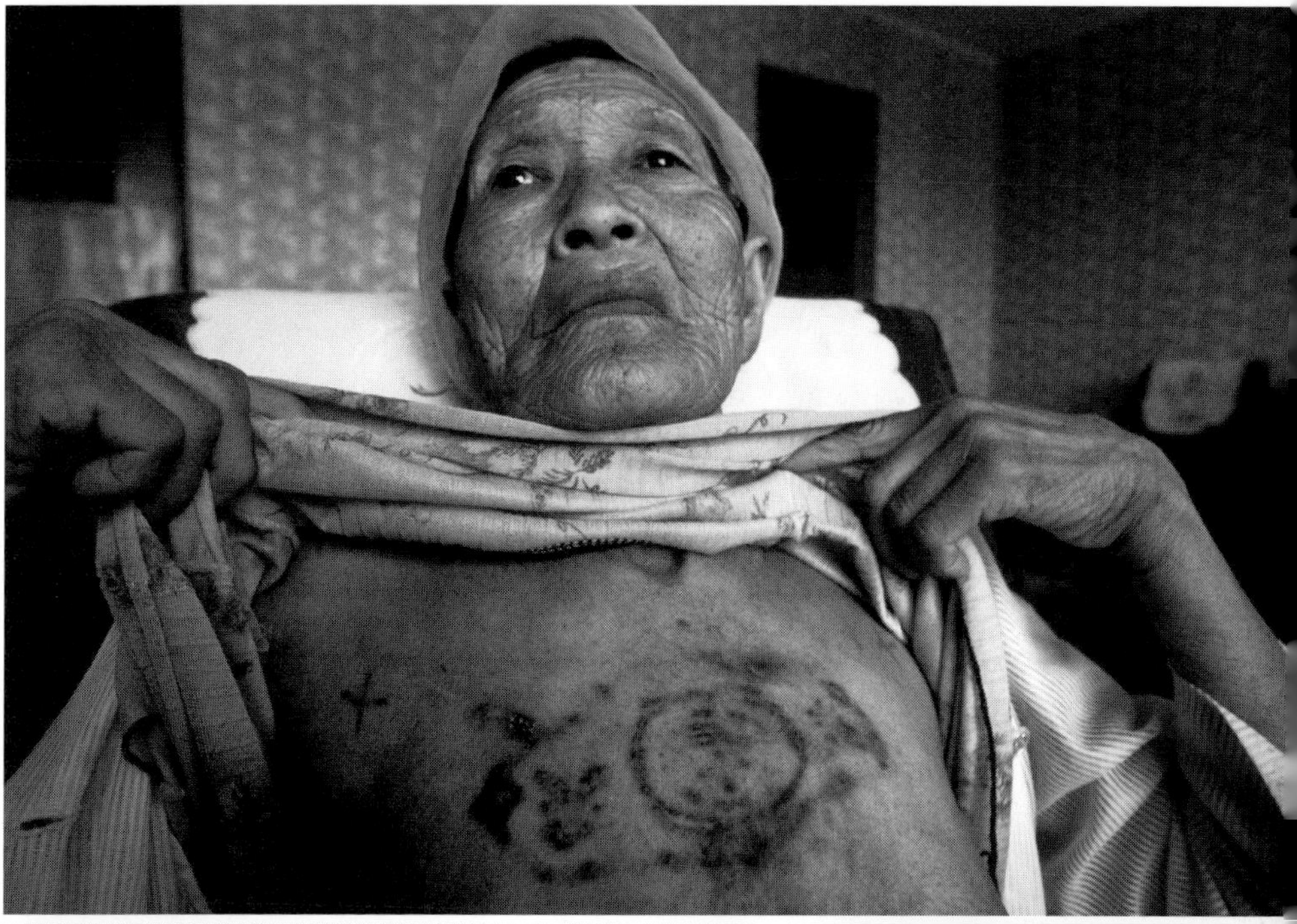

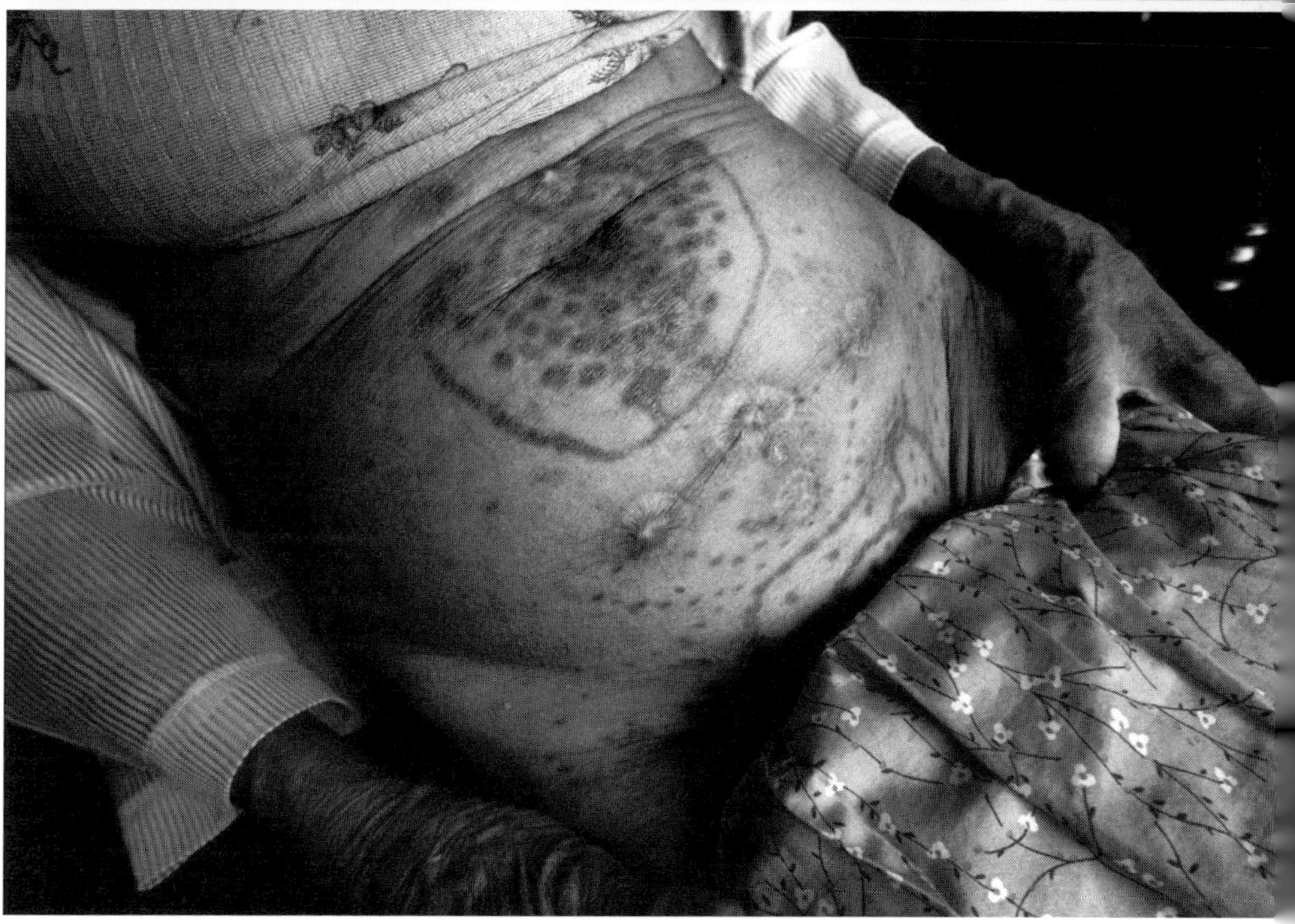

入れ墨は、胸から下腹部まで入れられている。

完全には治っていないという。今も話し方に不自然なところがある。背中の下部には、背骨に沿って丸い点が数珠つなぎに描かれている。

　胸と腹部の入れ墨には、思わず大きな声を上げてしまった。何を描いたものなのか判別できないが、子どもの落書きのような模様がくっきりと残っている。

「内鮮一体」[*1]を掲げながらも、支配していた朝鮮から膨大な人数の若い女性たちを拉致し、人間としての尊厳をすべて奪って虫けらのように踏みつぶした。鄭さんの体に深く刻まれた入れ墨は、どれほど多くの話を聞くよりも、日本がおこなった朝鮮支配の実態と「皇軍」の本質を明確に示している。

日本への激しい怒り

　金英淑《キムヨンスク》さん（1927年1月24日生まれ）から体験を聞くため、万景台《マンギョンデ》の丘の上に建つ両江《リャンガン》ホテルを訪ねた。眼下に大同江《テドンガン》の大きな流れが見える。ホテルの玄関前では、祖国で勉強するために長期滞在している在日朝鮮人の女子学生たちが、歓声を上げながらボールで遊んでいる。

　平安南《ピョンアンナム》道《ド》温泉郡《オンチョングン》で暮らしてきた金英淑さんは、平安北《ピョンアンプク》道《ド》泰川郡《テチョングン》で生まれた。あまりにも生活は貧しく、母親は家族を捨てて逃げ出した。父親は日本人が経営する金鉱山で働いていたが、日本人の現場監督からひどい暴行を受けて死亡。金さんと弟の二人が残された。その時10歳だった金さんは、地主の3番目の妾の家で働くことになった。「水瓶を割ってしまった時など厳しい叱責を受けました。夜明けから夜空に星が輝くまで、私の涙は乾くことがなかったんです」。こうした苦しい生活を続けていた時に、心ひかれる話がきた。

「13歳の時、やって来た日本人の巡査に『ここでそんな苦労をせず、お金の稼げる所へ行こう。

おいしい物を食べ、きれいな服も着られるよ」と言われたんです。この巡査に連れて行かれたのは瀋陽[*2]です。そこには日本兵がいっぱいいて、巡査は私を『ナカムラ』という名の将校に引き渡しました。私はだまされたんです」

「慰安所」は谷間に建っていて、高さ5メートルほどの塀で囲われていた。建物は木造平屋で、約30の部屋が通路の両側に並ぶという構造だった。途切れることなく金さんの話は続く。

「その日の夜に私の部屋へやって来た『ナカムラ』は、私を押し倒して覆いかぶさってきました。だけど私が若すぎて欲望を満たせなかったため、私の性器をナイフで切り開いたんです。私は気を失いました」

将校に殺されそうになったこともある。「カネムラ」という将校に従わなかった金さんは、「言うことを聞かないと肝を取り出して食べるぞ！」と脅された。その言葉にひるまず将校を力一杯に突き飛ばしたところ、日本刀で胸を切りつけられたのだ。「傷を見てください！」と金さんは私に言うやいなや、チマチョゴリを脱いで上半身裸になった。

胸から腹にかけて、縦に20センチほどの鮮明な傷痕がある。かなり深い傷だったようだ。金さんは、全身に残るほかの傷も次々と説明する。肩と尻には短刀で突き刺されたいくつもの傷痕、右足の膝には兵隊に軍靴《ぐんか》で何度も蹴られて骨が折れた痕が残っている。

「1日に20~30人の兵隊の相手をさせられました。妊娠したために腹を切り裂かれたり、軍犬にかまれたりして、ここの女性たちが次々と殺されていくようすを見ました！」と金さんは叫ぶように語った。

あまりにもひどい日本兵の行為に言葉が出ない。大学を卒業したばかりの通訳の若い女性は、正確に翻訳してくれているものの、言葉に怒りが満ちている。

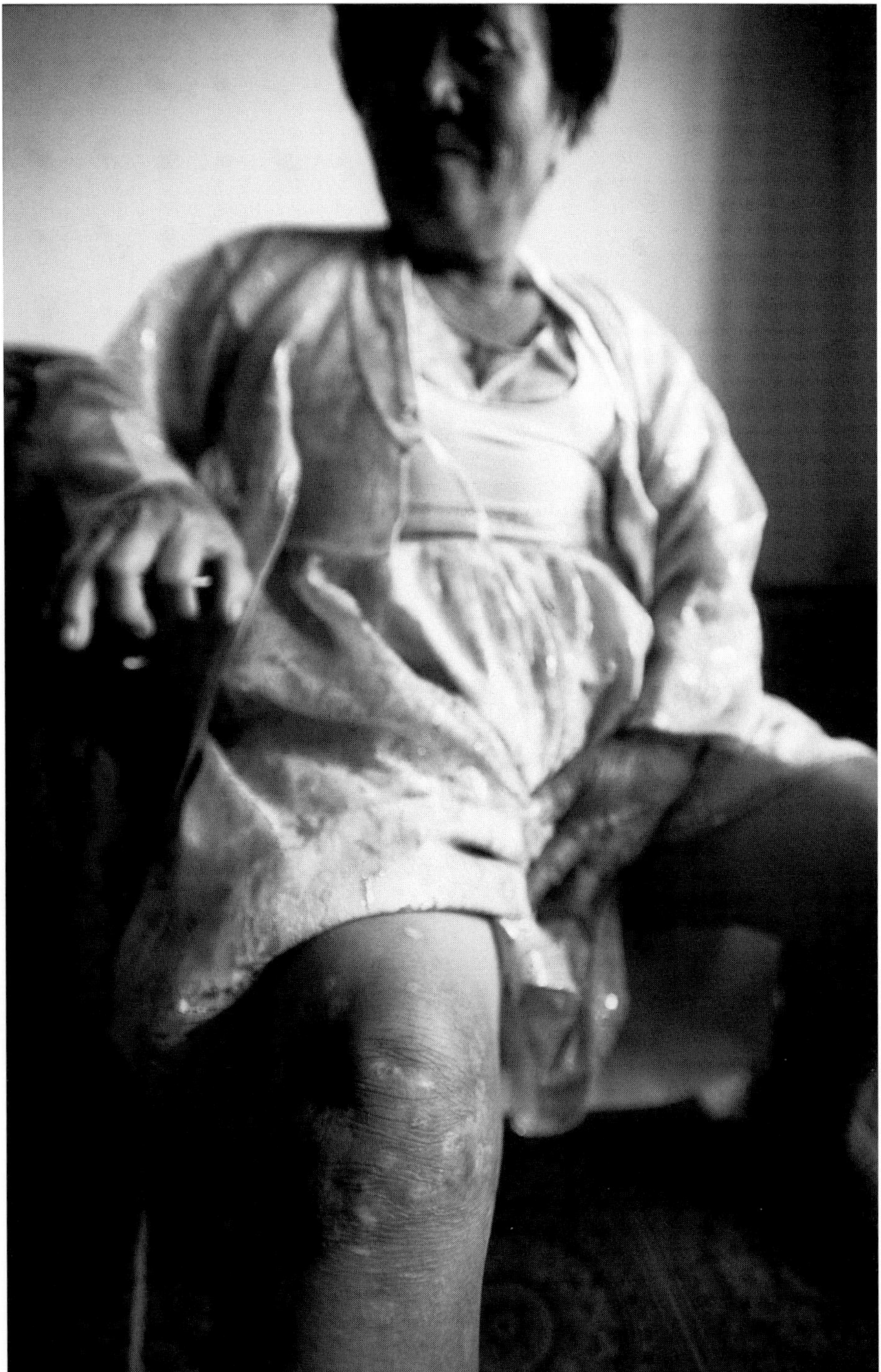

金英淑さんの右膝に残る傷痕。杖を使わないと歩くことができない。

この「慰安所」には、金さんが連行されて行った時には25人の女性がいた。その中には中国人と白人が一人ずついて、他は朝鮮人だった。その鼻が高い白人とは言葉が通じなかった。この場所が中国東北地方ということを考えるとロシア人だろう。

部隊の中には何人かの朝鮮人軍属がいた。1945年3月、金さんはその中の金サングクさんと死を覚悟してここを脱出した。その時点で、「慰安所」で生き残っていた女性はわずか5人だった。

解放後、金さんは助けてくれたその男性と朝鮮へ戻り一緒に暮らした。だが、朝鮮戦争で夫は戦死。それからはひとり暮らしをしてきた。

「薬がないと歩くこともできません。小便のために夜中に7回も起きる必要があります。私は人間らしい生活ができませんでした。『ナカムラ』や『カネムラ』などの犯罪人は懲罰を受けるべきです。日本へ行って、ナイフで日本人を切りまくりたい！」

日本への怒りを一気にぶちまけた金さんは、険しい表情をしている。彼女からもっと聞きたいことはあるが、インタビューを続けるのは不可能だ。足の不自由な金さんは、付き添いの女性に体を支えられながら部屋を出て行った。

確認された米軍撮影の「慰安婦」

朴英深《パクヨンシム》さん（1921年12月15日生まれ）と最初に会ったのは1998年5月。インタビューの途中で「日本人には話したくない」と、何度も話をやめようとした。

1938年3月頃、平安南道南浦市《ナムポシ》（1945年までは鎮南浦）で暮らしていた朴さんは、日本人巡査によって中国の南京にあった「慰安所」へ連行される。ここで「若春」という名前を付けられた。約3年間いた後、台湾を経由してシンガポールへ。ここに約1年間いてからビルマのラングー

◀お腹が大きな自分が写っている米軍撮影の写真を持つ朴英深さん。

ンへと連れて行かれる。[*3]

約2年後に、中国雲南省の拉孟《らもう》（中国名は松山）の日本軍部隊に設けられた「慰安所」へ移る。ここは戦場の中だった。[*4]『拉孟　玉砕戦場の証言』（太田毅、昭和出版）は「拉孟に慰安所が開設されたのは昭和17年の暮れ」で、朝鮮人15人と日本人5人の「慰安婦」がいたと記している。連合国軍の攻撃があるたびに、女性たちは防空壕へ逃れた。こんな状況でも、1日に30～40人もの兵隊の相手をさせられる。

蒋介石率いる中国国民党軍の、米軍から装備を与えられて訓練を受けた部隊が日本軍に大攻勢をかけた。そのため、「ビルマ方面軍第56師団」の「拉孟守備隊」約1300人は、1944年9月7日に全滅。[*5]「軍旗を焼き万歳をしている日本兵たちを見て、ここにいたら自分たちは殺されると思って逃げたんです」と朴さん。朝鮮人女性たちは、日本兵に殺されたり爆撃で死亡し、その時には4人になっていた。朴さんたちは畑のトウモロコシをかじりながら歩き、山を越えた所で中国軍と出会った。ところが、憎らしい日本兵たちと一緒に昆明の捕虜収容所へ入れられてしまう。

実は中国軍に捕まった時、米軍によって彼女たちは写真撮影されていた。[*6]朴さんは、その写真の中のお腹が大きな女性を指さし、それが自分だと言う。「慰安所」にいる女性たちを撮影した写真は、ごくわずかしか発見されていない。そうした中で、米軍が撮影し「米国公文書館」に所蔵されている公的な写真に写っている性奴隷被害者が、名乗り出ている女性たちの中から特定されたことは画期的できわめて重要である。

『拉孟　玉砕戦場の証言』は、拉孟にいた日本兵多数の証言によって構成されている。この中に、「第56師団」の「歩兵第113連隊第1機関銃小隊荒牧小隊」にいた元上等兵の早見正則さんの次のような証言がある。

「昆明の収容所には、（略）全部で4名の日本人慰安婦が収容されていた。朝鮮人慰安婦は5名だけ収容されていたのがわかっているので、拉孟にいた15名のうち10名は死んだのかもしれない。米軍が撮った横股の壕内の写真の説明に『この壕内には日本兵13名と慰安婦2名の死体があった』とあるので、その他の慰安婦は、他の壕か脱出途中で死亡したことも考えられる」

この話の後に、実に重要なことが書かれている。「朝鮮人慰安婦のうち『若春』という22歳の娘は、本名を朴永心といい、歌のうまい勝気な感じの良い女であったが、谷軍曹の天幕を訪ねては洗濯物など引き受けてくれた」。この「谷軍曹」というのは「歩兵第113連隊第2大隊本部」の谷祐介主計軍曹のことである。朴さんは私に「経理をしていた『タニ』という兵隊に助けてもらった」と述べているのだ。この「朴永心（パク・ヨンシム）」は朴英深（パク・ヨンシム）さんと同一人物である。

朴さんは、日本兵によって「慰安所」で妊娠させられていた。「お腹の中で子どもが動いていましたが、出血がひどくなったんです。中国人の医者が手術したところ、子どもは死んでいました」と朴さんは語る。私は1998年に、朴さんの腹部に残る大きな手術痕を見せてもらっている。

収容されて7カ月後、朴さんら4人の朝鮮人女性は金九《キムグ》が率いる「大韓民国臨時政府」[*7]へと引き渡された。そして1946年2月に仁川《インチョン》を経て、北緯38度線の北側にある故郷へと戻った。

朝鮮半島北側からは「満州」と中国へ

朝鮮で戦後補償に取り組んでいる民間団体「朝鮮・日本軍性奴隷及び強制連行被害者問題対策委員会」（以下、「対策委員会」）によると、日本軍の性奴隷にされたと名乗り出ているのは219人という（2009年現在）。人口約5千万人の韓国で名乗り出て政府に登録している被害女性は237

人（2013年現在）。人口約2400万人の朝鮮で名乗り出た被害女性の割合は韓国の約2倍もある。その理由は、朝鮮では日本による朝鮮支配に対して徹底的な批判を行ってきた。そして、名乗り出た被害女性たちの勇気に対し国をあげて称賛しているので、名乗り出やすかったのだろう。

朝鮮において名前と顔を明らかにしている被害女性のうち、私の取材と「対策委員会」の資料とを合わせた42人の出身地と連行先を分類した。

出身地（故郷）を当時の行政区分で分けると、朝鮮半島北側は咸鏡北道2人、咸鏡南道2人、平安北道3人、平安南道8人、黄海道8人、江原道1人、平壌2人の26人。南側はソウル（当時は「京城」）3人、忠清南道1人、慶尚北道2人、慶尚南道2人、全羅北道4人、全羅南道4人の16人。

連行先は、中国東北地方（「満州」）[*8]・中国が27人と圧倒的に多く、朝鮮内5人、中国とシンガポールの両方へが3人。そして朝鮮内と中国、日本と中国、シンガポール、シンガポールとビルマ、台湾、インドネシア、ビルマが1人ずつである。

証言の特徴と信憑性

朝鮮で名乗り出ている性奴隷被害女性の証言内容を、韓国の被害女性と比較すると特徴がある。日本軍「慰安所」で極めて残忍な扱いを兵隊から受けている人が多いのだ。それは、連行先が異なることが大きいと思われる。朝鮮半島南側からは、釜山からの船で「南方」や日本への連行が多いが、北側からは中国東北地方と中国が圧倒的に多いからだ。

朝鮮の被害女性たちの証言内容に対し、嘘だとか大げさだとかという声がある。軍の「慰安所」であまりにも強い怒りと恐怖心を感じた被害女性たちは、心的外傷後ストレス障害により心に深い傷を負った。それは、さまざまな形で彼女たちを今も苦しめており、過去の記憶をもねじ曲げてい

中国東北地方のスブンハへ連行された魯農淑（ロ・ノンスク）さん。ハン・サンヒョさんは、ひとり暮らしの魯さんの世話をするため1994年から一緒に暮らし始めた。

る可能性がある。半世紀以上も前の体験なので、記憶違いをしている点も当然あるだろう。私が朝鮮で会った14人の被害女性たちは、間違った内容を意図的に語ったことはなく、証言はほぼ事実だと判断している。それは次の理由からだ。

（1）日本軍によって極めて残忍な扱いを受けたと語る被害女性たちがいる。その証言内容を検討したが疑わしい点はない。

A、妊娠したために子宮ごと胎児を摘出された

被害者は李京生さんと廋善玉さん。廋さんのお腹には、臍の上からの刃物による傷痕がある。

韓国人の被害女性の中には、長期間の性奴隷生活を強いられた結果、戦後になって子宮摘出をせざるを得なくなった人たちがいる。そのため、李さんと廋さんに手術が行われたのが性奴隷にされていた時なのか戦後なのかを明確にさせる必要がある。二人の傷口を撮影したビデオテープを、ある現役の産婦人科医に見てもらい意見を聞いた。その医師はかつて勤務していた病院で、軍医をしたことのある外科部長の手術の仕方を見ている。映像を見たその医師の意見は次のようである。

「産婦人科医なら、少しでも手術痕が残らないようなるべく小さく丁寧に切るが、二人の傷口ができたないのは外科医が切ったのではないか。軍医は外科か内科の医者が多かった。子宮だけの摘出ならば10～15センチの傷だが、大きくなった胎児を子宮ごと取り出すために臍の上まで切った可能性がある」

「手術の1週間後には兵隊たちの相手をさせられた」と廋さんは述べている。このことについては、「産婦人科医なら絶対に許可しないが、外科医の軍医ならば手術から1週間後の抜糸が済めば認めたかもしれない」という。つまり、二人のお腹の傷は軍医によって切られた可能性が極めて高い。

B、逃亡への制裁として全身に入れ墨をされた

鄭玉順さんの胸・腹部と背中下部に残る入れ墨は、何が描かれているのか判別できない。面白がっていたずら落書きしたような模様である。そして、墨が付いた針の束のようなものを前歯が折れるほど口に押し込むという極めて暴力的な行為は、殺すことを前提にしないと出来ない。この兵隊による入れ墨は、制裁・処刑の手段と見るべきだろう。

日本軍は、女性たちの逃亡を防ぐための入れ墨もした。在日韓国人として名乗り出ているただ一人の被害女性である宋神道《ソンシンド》さんの左腕には、中国の「軍慰安所」で付けられた名前の「金子」という文字の入れ墨が残っている。

C、人間の肉を煮た汁を飲まされた

それを強いられた場所は、鄭玉順さんは朝鮮内の恵山、李福汝《リボクニョ》さん（1919年4月18日生まれ）は中国東北地方のソ連との国境近くである。

この李さんの証言を、「ウソ」と決めつける人がいる。その理由として、「動物の生首でスープをとるという発想は、魚を食文化の中心とする日本人にはなく、それは他ならぬ朝鮮人の文化なのである」（『汚辱の近現代史』藤岡信勝、徳間書店）と述べている。

日本の兵隊たちが人間の頭を煮たのは、自分が飲むのではなく朝鮮人女性に飲ませるためだった。女性たちの反抗を抑えるため、強い恐怖心を与えるもっとも残酷な方法として考えついたのだろう。

ニューギニアとフィリピンの戦場では、人肉を食べた日本兵も多い。自分の梅毒を治そうとして、人間の脳や肝を食べた兵隊たちもいる[*9]。戦場の日本軍の中で繰り返されたこうした行為からすれば、「軍慰安所」の女性たちに生首のスープを強要するなど特別なことではなかっただろう。

D、日本敗戦時に「軍慰安所」で日本軍は集団虐殺を行った

だまされてビルマへ連行された鄭松明（チョン・ソンミョン）さん。自殺を図ったものの住民に助けられた。

日本敗戦の二十日ほど前、中国各地を連れ回された金《キム》大日《ディル》さんがいた中国の「軍慰安所」では、朝鮮人・中国人女性約150人が兵隊たちによって刀で首を切られて殺された。同じことは他の国でも行われた。

日本軍によってフィリピンで性奴隷にされたロザリオ・ノプエトさん（1927年10月17日生まれ）は次のように話した。「米軍の攻撃が始まる前の1944年6月頃、撤退しようとする日本軍は、駐屯地にいた慰安婦などのフィリピン人40人を集めました。目隠しして地面にうつ伏せにし、首を切り落としたんです。私は、切りつけられたものの幸運にも生き残りましたが、大きな傷が残っています」。ファニタ・ハモットさん（1924年11月12日生まれ）やルフィナ・フェルナンデスさん（1927年7月10日生まれ）も、撤退する日本軍によって他の被害女性たちと共に殺されそうになったが奇跡的に生き延びた。[*10]

このように、日本軍性奴隷として狩り集め

られた女性たちは、いとも簡単に皆殺しにされたのである。「皇軍」が行った国家犯罪の「証拠」を隠滅するためだ。

(2) 私が朝鮮で会った14人の日本軍性奴隷被害者は、名乗り出ている219人の中で、最も過酷な体験をした被害者として選ばれたと思われる。被害女性たちの体験を国として国際社会に紹介しようとするならば、象徴的で極端な例を選択することは当然あり得る。この場合、被害の全体像は分かりにくいが、そうであったとしても証言内容は事実である。

(3) 朝鮮で名乗り出ている被害女性の多くが、日本軍と共産党軍・国民党軍との戦闘があった中国、朝鮮人の抗日闘争があった中国東北地方や朝鮮内の国境地帯という戦場へ送られた。そのため、日本軍が中国で女性に対して行った非人道的で残虐な行為を同じように受けた。[*11]

(4) 私が取材した朝鮮の被害女性たちは74歳～84歳（2001年現在）という高齢で、健康状態もあまり良くない人ばかりだった。庾善玉さんなどは、杖なしでは立っていることもできず、話をするのもやっとといった状態なのだ。死を間近にした人が、他人からの指示によって作り話をすることなどとうてい不可能だろう。[*12]

私は今までに韓国・朝鮮・台湾・フィリピン・インドネシア・中国の性奴隷被害者約90人と会い、時間をかけた取材をした。朝鮮以外の国の被害女性たちと比較しても、朝鮮の女性たちの証言内容に不自然な点はどこにもない。

＊1　朝鮮人を天皇に忠実な「日本人」へと変えるため、「日本と朝鮮は一つ」という同化政策の宣伝のために使われた標語。具体的な同化政策としては、日本語使用・神社参拝・日本名への「創氏改名」などの強要がある。

＊2　中国東北部の都市。日本とその傀儡国家「満州国」は「奉天」と呼んでいた。
＊3　『従軍慰安婦」関係資料集成』（龍溪書舍）収録の「米国戦争情報局」資料に、拉孟から約180キロメートルのビルマのミッチーナーで捕虜になった20人の朝鮮人「慰安婦」らへの尋問報告書がある。年齢は19～31歳で平均すると約23歳。出身地は慶尚南道11人・慶尚北道4人・平安南道2人・京畿道2人・全羅南道1人。日本軍は朝鮮人「慰安婦」703人をビルマに向けて出航させ、42年8月20日頃にラングーンに上陸したとの記載もある。
＊4　中国の東側を日本軍に占領された蒋介石軍は、米国からの物資の補給をビルマ経由でおこなった。それを遮断しようと日本軍はビルマに侵攻した。
＊5　拉孟での日本軍の玉砕については「拉孟・騰越　玉砕の実相」（雲龍会）、「拉孟　玉砕戦場の証言」（太田毅、昭和出版）など多くの記録がある。
＊6　「1億人の昭和史　日本の戦史10」（毎日新聞社）掲載のこの写真への説明文では9月3日の撮影。
＊7　朝鮮独立運動家の金九らによって、1919年に中国の上海で結成された亡命政権。
＊8　「関東憲兵隊」憲兵として軍医による「慰安婦」への性病検診にも立ち会っていた土屋芳雄さんが、中国東北地方にあった「軍慰安所」についてインタビューで答えている。「チチハル市には、軍専属の慰安所が3カ所あった。2カ所は朝鮮人女性で、残りが日本人女性だった。（略）彼女たちは、1日に2、30人もの兵を、多い時は50人近くを相手にしていた。夜になると将校の番だった。あまりの激務に、病気になる女性も少なくなかったが、性病以外では、ほとんど休みを与えられないのが実態だった」（『聞き書き　ある憲兵の記録』朝日新聞山形支局）
＊9　「ひどい梅毒の兵隊がいたのですが、クーニャンの脳みそを食べると梅毒が治るという話がどこからか伝わっていましてね、それを信じて、中国人の娘を殺して、その脳みそを食べたということもありました」（鈴木良雄・元五九師団曹長、『季刊　中帰連5号』中国帰還者連絡会）。「はっと息を殺して見ているうちに、小隊長はやにわに左手をぐいと肋骨の奥深く差しこみまさぐっていたが、

やがて血だらけの手に赤黒い肉塊とも血塊ともわからぬものをつかみ出し、血刀で切り取った。生き肝だ！（略）それは淫蕩腐敗の生活から得た悪質の病気をこっそり治すために（略）ただそのためにやったことなのだ」（関東庁奉天警察署警佐・藤岡順一『三光 第1集』中国帰還者連絡会）

＊10 拙著『破られた沈黙─アジアの「従軍慰安婦」たち』（風媒社）に詳しい体験を紹介している。

＊11 中国における日本軍の性犯罪について、『季刊 中帰連』6号と、『季刊 戦争責任研究』13号・17号（日本の戦争責任資料センター）の歴史学者・笠原十九司さんの論文が詳しい。中国で出版された『侵華日軍暴行総録』の中から、笠原さんが日本軍の性犯罪についての記述を拾い出している。その内容を見ると、強姦された後に下腹部を割いて殺害された女性が多く、子どもからお年寄りまでの女性を強姦、妊婦の腹を割いて胎児を引き出した、性器に銃剣や異物を突き刺した、他人同士を性交させた、などの記述が多数ある。

＊12 筆者が2013年6月までに朝鮮で取材した性奴隷被害女性は14人。そのうち、亡くなったのは13人にもなる。その人たちが、最初に取材した年から何年後に死亡したのかを調べた。約1年2人、約3年1人、約5年2人、約6年2人、約8年1人、約9年2人、約11年2人、約13年1人。

※本稿は、『平壌からの告発』（風媒社、2001年）に収録の「性奴隷にされた女性たち」に加筆したものです。

無窮花《ムグンファ》につつまれて

韓国人元日本軍「慰安婦」金学順さんの死

この道は何度も通ったことがある。「中央病院」に入院中の姜徳景《カンドッキョン》さんを見舞うために歩いた。その姜さんは1997年2月に亡くなり、今度は（同年）12月16日に73歳で亡くなった金学順《キムハクスン》さんの葬儀に参列するために歩いている。

葬儀は日本大使館の前で

病院の霊安室では、予定の午前9時を待たずに告別式は始まっていた。ハルモニ（お婆さん）たちは、部屋の隅にかたまって座り込み涙をぬぐっている。学順さんが通っていたプロテスタントの「東大門《トンデムン》教会」の信者たちによる賛美歌の中で式が進む。

ゴスペルシンガーの洪淳官《ホンスンクァン》さん（35歳）の澄み渡った美しい歌声を聞きながら、私も涙をこぼしそうになる。彼は、ハルモニたちに捧げる歌を作詞・作曲してコンサートで歌い続けてきた。「どうして若者は私たちを助けてくれないのか」と学順さんに言われたことがきっかけだったという。

「路祭《ロジェ》」といって、韓国では自宅や葬儀場前の路上でも告別式を行なう。学順さんの場合は、謝罪と補償を求めて通い続けた日本大使館前がその場所になった。柩を載せたバスが大使館前に横付

日本大使館前で、金学順さんの「路祭」を行う被害女性たち。

けされ、13人のハルモニたちがその前に並ぶ。１５０人ほどの参列者をその数倍もの機動隊が取り囲む、異様な雰囲気の中で葬儀は続いた。

91年8月、学順さんは日本軍によって性奴隷にされた女性として、自ら進んで過去を公表した。

学順さんは中国の吉林省で生まれたが、それからすぐに父は死亡。そのため母は平壌《ピョンヤン》で学順さんを育てた。養父に連れられて仕事を求め北京へ行ったところ、日本兵に捕まり「軍慰安所」に連行された。

体験を公表した記者会見から2カ月後に私は会いに行った。「日本軍に受けたことはいつも胸の中にありました。それを死ぬまでに暴露してスッとした気持ちになりたかったのです」と名乗り出た理由を緊張した面持ちで彼女は語った。

この思いは他の被害者たちも同じだった。韓国だけでなく朝鮮（朝鮮民主主義人民共和国）・フィリピン・台湾・インドネシアなどの国々から、堰《せき》を切ったように被害者たちが学順さんに続いて名乗り出た。今ではその数は2万人以上にもなる。闇の中に葬り去られようとしていた日本の重大な国家犯罪が、被害者たちの勇気によって明らかになった。

無窮花の花が大好きだった

柩《ひつぎ》はソウル市北部の火葬場に運ばれた。金順徳《キムスンドク》さん（76歳）が「ここには何度も来た」とつぶやく。ハルモニが亡くなるたびに来ているのだ。

火葬が増えてはいるが、韓国では土葬が一般的である。私は、学順さんが火葬にされるのは身寄りがないためだと思ったが、そうではないという。彼女の墓は、火葬にしないと埋葬できないほど小さい。それが理由らしい。

朝からずっと遺影を抱いている29歳の女性から、学順さんの思い出を聞いた。96年8月15日の解放記念日、孫判任《ソンパンニム》さんの家にやって来た学順さんは、「今日はこれを掲げなさい」と太極旗《テグッキ》（韓国国旗）を振りながら言った。彼女はたくさんの旗を買ってきて、掲げていない家々に配り歩いたというのだ。

葬列が忠清南《チュンチョンナム》道《ド》天安《チョナン》に着いた時には、あたりは薄暗くなり始めていた。ここの「望郷の丘」に埋葬されるのである。見渡す限り小さな墓標が並んでいる。

学順さんはここの墓を3年前に購入した。わずか20万ウォン（約1万6000円）だった。お金がなかったわけではない。彼女は亡くなる直前に、「自分よりも貧しい人に渡して欲しい」と全財産の約2000万ウォン（約1600万円）を教会を通して寄付している。

学順さんと一緒に墓を買った黄錦周《ファンクムジュ》さん（70歳）は、「そこの芝生に座って二人で楽しく酒を飲

金学順さんと親子のようなつきあいをしていた俳優の許吉子
（ホ・キルジャ）さんが、無窮花の花びらを墓の中に入れた。

葬儀から2年後、冷たい雨が降りしきる中で金学順さんの墓を再び訪れた。

みました」と、学順さんの隣にある自分の墓石に手をかけながらしんみりと語った。

無窮花《ムグンファ》（木槿《むくげ》）の花が大好きだった学順さんは、ベランダのプランターで小さな苗から育てて花を咲かせていた。箱いっぱいの造花を市場で買ってきたこともあった。学順さんの遺骨は、無窮花の花びらにつつまれて埋葬された。

金大中氏は補償交渉を約束

葬儀の行われた12月18日は大統領選挙の投票日であり、その日の深夜には金大中《キムデジュン》大統領の誕生が決まった。「韓国挺身隊問題対策協議会」の金允玉《キムユンオク》共同代表は、「金大中氏が新大統領になり、慰安婦問題解決に希望が出てきた」と語る。

金大中氏は、数十の女性団体が大統領候補者を呼んで11月に開催した公聴会で、「植民地支配の清算として、慰安婦問題は国の外交課題として扱う」と公約した。

それより前の9月15日には、金大中氏は妻を伴ってハルモニたちが暮らす「分かち合いの家（ナヌムの家）」を訪問。彼は、日本への補償交渉をハルモニたちと約束した。そのため彼女たちは、告別式の始まる前に投票所へ行き、全員が金大中氏に投票したという。

金大中氏が今度の選挙で組んだ金鐘泌《キムジョンピル》自民連名誉総裁は、「日韓条約」締結での「請求権問題」を、中央情報部（ＫＣＩＡ）部長として大平正芳外相（当時）との秘密会談で合意した人物である。この取り決めが、韓国人被害者たちからのあらゆる補償要求を日本政府が拒否する根拠となっている。新大統領がハルモニたちとの約束を実現するまでには、経済危機だけでなく解決すべき課題は多い。

韓国政府に被害者であると申請したハルモニは１９０人近く。そのうちの約20人が名乗り出てから死亡しているという。沈美子《シムミジャ》さん（73歳）は、動悸が激しいと言いながら葬儀の途中で病院に行き、そのまま入院してしまった。「私が死んだ時にも来てくれますか」と彼女が私に言った言葉に胸がつまった。

日本軍に凌辱《りょうじょく》されて心に大きな傷を負いながらも、独立運動家の父を持ち敬虔《けいけん》なキリスト教徒だった学順さんは、朝鮮民族の女性として誇り高く生きようとしてきた。親しいハルモニたちが「女性のためのアジア平和国民基金」を受け取った中で、明確に拒否していたことでも彼女のそうした姿勢を感じた。

体験を公表してからのこの6年間は、最初に名乗り出た者としての重荷も背負っていただろう。私は、学順さんの小さな墓にスコップで土をかぶせながら、「お疲れさまでした。ありがとう」と声をかけた。

（『週刊金曜日』１９９８年2月6日号）

※文中で説明のない人物と「ハルモニ」は、かつて日本軍によって性奴隷にされた被害女性です。

あとがき

この本を執筆した理由は、日本軍によって性奴隷にされた女性たちの証言を、改めて日本社会に伝えることの重要さを痛感したからだ。日本軍性奴隷問題に対する日本の状況は、次第に後退している。中学校の歴史教科書から被害女性たちについての記載が減った。そして、被害女性たちを強制的に連行したことはないとか、被害女性たちの証言はうそとするなどの、政治家らによる歴史的事実を否定した妄言が続くようになった。日本軍の関与を認めた「河野談話」さえ見直そうという動きも出ている。被害女性たちの、いまだに癒されていない傷口にさらに塩を塗る許しがたい言動だ。こうしたことは、アジア太平洋戦争を「聖戦」として正当化・美化しようとする政治家らの強い野望と、民族排外主義へと流れる日本社会の状況が強く反映されている。

またインターネットのウェブサイトなどでは、被害女性たちの証言の揚げ足取りが行われている。証言の「矛盾点」や、異なる機会に語った「相違点」をこまごまとあげつらうことで、証言全体の信憑性を否定しようとしている。だがそのような行為は、まったく何の意味もない。拉致をされて監禁状態に置かれていた被害女性たちには、記録をしておく手段はなかった。そのため彼女たちは、被害を受けてから半世紀ほどもたってから、当時を思い出しながら語っているのだ。細かなことを忘れていたり、「記憶」が違っていたりしても何の不思議もない。

被害女性たちは、儒教思想が今も強く残る韓国・朝鮮の社会において、名前と顔をメディアで明らかにしている。それは、金銭目的のためにうそをついてまでしてできることではない。被害者という立場であっても「軍慰安所」で受けた深刻な性被害は、他人には絶対に知られないよう必死に隠し続けてきた秘密だった。にもかかわらず名乗り出たのは、日本から受けた決して許すことのできない行為を告発するためだった。

また、被害女性への強制連行が公文書に記載されているかどうかに固執し、証言を極端に軽視する人たちがいる。日本敗戦が明確になった時、戦争犯罪を問われないために、植民地・占領地を含むあらゆる日本の軍や行政機関において徹底した文書の焼却が行われた。そのため、「証拠」となる公文書が残っていることの方が奇跡に近い。被害女性たちが、血を吐くような思いで語った証言を正面から受け止めてこそ、事実に迫ることができるだろう。


私は、韓国人・朝鮮人・フィリピン人・インドネシア人・中国人・オランダ人の被害女性を取材してきた。そのうち、韓国人は26人、朝鮮人は14人である。インタビューのほとんどは、通訳を通している。被害女性へのインタビューを文章化するに際し、何度も取材した人については初回のものを基本にしている。それは誰もが、最初に会った時がもっとも真剣に体験を語っているからだ。そのため女性たちが、現在の仕事や生活状況として語っている内容は、初回のインタビュー時のものである。韓国人女性で生活の困窮を訴えている人もいるが、１９９８年から始まった韓国政府からの生活支援金の支給によって生活状況は大きく改善された。

この本に掲載した被害者証言の多くは、拙著『証言　従軍慰安婦・女子勤労挺身隊』『破られた沈黙』（共に風媒社）や雑誌で発表している。今回の出版に際して取材ノートを改めて確認し、数字などの問違いを訂正して説明不足の部分を補足した。

被害女性たちは、日本への不信と失望の中で次々と亡くなりつつある。だが、日本が行ったこの恥ずべき行為はいつまでも歴史から消えることはないだろう。いつかは解決しなければならない時がくる。事実を抹殺しようとするのではなく、日本の未来のためにこの負の歴史と正面から向き合う必要がある。

日本軍による性奴隷被害者に対し日本がどのように向き合うかは、日本という国が人権や差別・抑圧についてどれほど真剣に取り組もうとしているかを示すバロメーターである。そのため、この問題と直接の利害関係のない欧米などの国であっても高い関心や憂慮を示しているのだ。

日本を二度と、社会的弱者や他民族を差別・排除・攻撃する社会にしないために、日本政府はアジア太平洋などの女性たちを性奴隷にした事実関係を徹底的に明らかにするべきだ。そして、被害女性たちからの謝罪や補償の要求に対し、責任ある国家として誠意ある対応が求められている。

2014年1月

【著者】

伊藤 孝司（いとう　たかし）

1952年長野県生まれ。

（社）日本写真家協会会員。日本ジャーナリスト会議会員。

フォトジャーナリストとして、日本の過去と現在をアジアの民衆の視点からとらえようとしてきた。アジア太平洋戦争で日本によって被害を受けたアジアの人々、日本がかかわるアジアでの大規模な環境破壊を取材し、雑誌・テレビなどで発表。また、日韓・日朝関係に関する取材にも力を入れている。

〈著書〉『地球を殺すな！　環境破壊大国・日本』『ヒロシマ・ピョンヤン』『平壌からの告発』『続・平壌からの告発』『破られた沈黙』（以上、風媒社）、『アジアの戦争被害者たち』（草の根出版会）、『棄てられた皇軍』（影書房）、『原爆棄民』（ほるぷ出版）など多数。

〈上映作品〉『ヒロシマ・ピョンヤン』『アリラン峠を越えて』『銀のスッカラ』『長良川を救え！』など多数。

〈URL〉「伊藤孝司の仕事」 http://www.jca.apc.org/~earth/

装幀　夫馬デザイン事務所

無窮花《ムグンファ》の哀しみ　［証言］〈性奴隷〉にされた韓国・朝鮮人女性たち

2014年2月28日　第1刷発行　（定価はカバーに表示してあります）

著　者　　伊藤　孝司
発行者　　山口　章

発行所　名古屋市中区上前津 2-9-14　久野ビル
電話 052-331-0008　FAX052-331-0512　風媒社
振替 00880-5-5616 http://www.fubaisha.com/

乱丁・落丁本はお取り替えいたします。　＊印刷・製本／モリモト印刷
ISBN978-4-8331-1106-5